BEI GRIN MACHT SICH IHR WISSEN BEZAHLT

- Wir veröffentlichen Ihre Hausarbeit,
  Bachelor- und Masterarbeit

- Ihr eigenes eBook und Buch -
  weltweit in allen wichtigen Shops

- Verdienen Sie an jedem Verkauf

Jetzt bei www.GRIN.com hochladen
und kostenlos publizieren

Emil Hädler

Paul Léon versus Paul Clemen. Zwei Denkmalpfleger in feindlichen Lagern

Kriegsdenkmalpflege 1914 - 1918

GRIN Verlag

Bibliografische Information der Deutschen Nationalbibliothek:

Die Deutsche Bibliothek verzeichnet diese Publikation in der Deutschen National-
bibliografie; detaillierte bibliografische Daten sind im Internet über http://dnb.d-
nb.de/ abrufbar.

Impressum:

Copyright © 2014 GRIN Verlag GmbH
Druck und Bindung: Books on Demand GmbH, Norderstedt Germany
ISBN: 978-3-656-67336-1

Dieses Buch bei GRIN:

http://www.grin.com/de/e-book/274903/paul-leon-versus-paul-clemen-zwei-denk-
malpfleger-in-feindlichen-lagern

GRIN - Your knowledge has value

Der GRIN Verlag publiziert seit 1998 wissenschaftliche Arbeiten von Studenten, Hochschullehrern und anderen Akademikern als eBook und gedrucktes Buch. Die Verlagswebsite www.grin.com ist die ideale Plattform zur Veröffentlichung von Hausarbeiten, Abschlussarbeiten, wissenschaftlichen Aufsätzen, Dissertationen und Fachbüchern.

Besuchen Sie uns im Internet:

http://www.grin.com/

http://www.facebook.com/grincom

http://www.twitter.com/grin_com

KRIEGSDENKMALPFLEGE 1914 – 1918 Emil Hädler, Aufsatz für DIE DENKMALPFLEGE 1/2014 – extended version
Paul Léon versus Paul Clemen – zwei Denkmalpfleger in feindlichen Lagern

Untrennbar verbunden mit den Aktivitäten der Denkmalpflege im Krieg[1] ist der Name Paul Clemen (1866-1947)[2], der durch die Herausgabe seines verbreiteten Werks „Kunstschutz im Kriege" 1919[3] diesen Begriff geprägt hat. Der Begriff wird im Französischen als Fremdwort geführt, „Le Kunstschutz" bezeichnet dort allerdings nicht neutral die Anstrengungen der Denkmalpflege im Kriege, wie hier im Folgenden gezeigt wird. Für die Denkmalpflege im Kriege auf französischer Seite steht der Name Paul Léon (1874-1962)[4], der über beinahe unglaubliche 60 Jahre ab 1905 in unterschiedlichen Funktionen, u.a. 1919 bis 1933 als Direktor der Beaux-Arts theorie- und praxisprägend für die französische Denkmalpflege war.

Bildmotiv 1: Paul Léon (1922) und Paul Clemen (1930)

Bild 1a links Paul Léon 1922, im Alter von 48 Jahren (Foto Agence Meurisse)
Bild 1b rechts: Paul Clemen im Vollschmuck seiner Orden, Foto um 1930, im Alter von ca. 64 Jahren)
(Ausstellungskatalog Paul Clemen 1991, Landschaftsverband Rheinland)

„KUNSTSCHUTZ" ALS AMTLICHE FÜRSORGE ODER ALS INSTRUMENT DER PROPAGANDA?

In französischer Verwendung schließt „Le Kunstschutz" die deutsche Kriegspropaganda mit ein. Die deutsche Rezeptionsgeschichte sieht ab 1914 in Paul Clemen, französischsprachig und respektvoller Kenner der Denkmalpflege in Frankreich[5], den Leiter des ersten militärischen Kunstschutzdienstes in der Geschichte. Ihm folgte 1940 im zweiten Weltkrieg der Kunsthistoriker Franz Graf Wolff-Metternich (1893-1978) in Paris unter direkter Bezugnahme auf den Vorgänger[6]. Beide altruistisch aufgefassten „Fürsorgedienste" verzeichneten bis in die 1990er Jahre eine überwiegend positive Bilanz in der öffentlichen (deutschen) Wahrnehmung. Die Rolle von Metternich wurde auch in Frankreich tendenziell wohlwollend bewertet als Gegenpart zum organisierten NS-Kunstraub der Partei – ein Selbstverständnis, das er nach 1942 nicht mehr ausfüllen konnte. Dabei distanzierten sich später die „guten Kunstschützer" von den „verbrecherischen Kunsträubern", die aber nach außen unterschiedslos als

Paul Léon versus Paul Clemen – zwei Denkmalpfleger in feindlichen Lagern

„Kunstschutzoffiziere" auftraten[7]. In seinem populären Werk stellt Robert M. Edsel diesem „Kunstschutz" die „monuments men" als Helden auf allierter Seite gegenüber[8]. In seiner Verflachung setzt der jüngste Film von und mit George Clooney in der Hauptrolle dieser Wahrnehmung die Krone auf. Er dürfte dem Thema allerdings breite Aufmerksamkeit bescheren.

Dem „Kunstschutz" wollte man in der Literatur der Nachkriegszeit gar einen Ansatz zur Humanisierung des Krieges[9] zwischen zivilisierten Völkern abgewinnen, der auf das Völkerrecht und internationale Vereinbarungen zum Schutz des kulturellen Erbes gründet.[10] In diese wohlmeinende Würdigung mischten sich erst zögerlich kritische Stimmen[11]. Seit der Jahrhundertwende 2000 erscheinen nach und nach umfangreiche Untersuchungen, die Originalquellen und Nachlässe nutzen und sich nicht auf die von Zensur und nationaler Verblendung verseuchten zahllosen Publikationen der Epoche und der Zwischenkriegszeit abstützen. Jedoch konzentriert sich dieses Forschermilieu auf den französischen Sprachraum, dem traditionell und aus regionaler Betroffenheit die Beschäftigung mit dem Ersten Weltkrieg näher liegt, als dies im deutschen Sprachraum der Fall ist. Eine Ausnahme macht die deutsche Forscherin Christina Kott, die sich ihrerseits im französischen Forschungssystem bewegt und auf Deutsch und Französisch publiziert.[12] „La Grande Guerre" ist im Jahr 2014 ein mediales Großereignis in Frankreich und Belgien. Die deutschen Gedenken daran nehmen sich im Vergleich bescheiden aus. Den jüngeren Forschungen gemein ist jedoch die Einschätzung, dass es sich bei den Bemühungen des „Kunstschutzes" 1914-18 vorwiegend um eine Inszenierung der Kriegspropaganda handelt, weniger um eine wirkungsvolle Einrichtung zur Rettung des bedrohten Kulturguts und der Baudenkmale.

Dass Paul Clemen mit seinem Namen für dieses Phänomen steht, ist vor allem seiner außerordentlichen publizistischen Präsenz geschuldet. Es gab andere Personen, die für den Schutz des mobilen Kulturgutes im praktischen Sinne mehr bewirkt haben, als er: Mit Belgien war in offizieller Mission bereits im Oktober 1914 Otto von Falke (1862-1942), Direktor des Berliner Kunstgewerbemuseums, beim Generalgouvernement in Brüssel betraut worden. Die dortige Zivilverwaltung (die es im besetzten Frankreich nie gab) sicherte annähernd geregelte Verhältnisse – die sich im umkämpften Flandern um Ypern kaum niederschlugen. Auf der anderen Seite der Front im Westen Belgiens versuchte der Architekt Eugène Dhuicque zu dokumentieren, was zu retten war[13]. Zu nennen ist weiterhin Theodor Demmler (1879-1944). Als Kunsthistoriker des Kaiser-Friedrich-Museums in Berlin wurde er im Rang eines Unteroffiziers von 1916 bis 1918 mit der Evakuierung, Bewahrung und Sicherung von Kunstwerken in Frankreich betraut und legte Sicherungsdepots an[14]. Zwischen ihm und Paul Clemen kam es zu Kompetenzdifferenzen mit der Folge, dass Clemen sich immer stärker auf die Erforschung und Dokumentation von Baudenkmalen zurückzog und Berichte schrieb. Andere Namen verblassen deshalb zu Unrecht hinter Paul Clemen. Neben weiteren Persönlichkeiten des Berliner Geisteslebens soll hier Otto Grautoff (1876-1937)[15] genannt werden, Kunsthistoriker und ausgewiesener Kenner und Bewunderer der französischen Kultur, der sich vehement in die Polemik um den Kunstschutz gegenüber seinen französischen Kollegen einmischte. Richard Hamann (1879-1961)[16], francophiler Ordinarius für Kunstgeschichte an der Universität Marburg, unternahm photogrammetrische Kampagnen in den besetzten Gebieten mit der preußischen Messbildanstalt. Er schuf damit die Grundlage für das „Bildarchiv Foto Marburg". Cornelius Gurlitt (1850-1938)[17], Architekt und Rektor der TH Dresden, bestens vertraut

Paul Léon versus Paul Clemen – zwei Denkmalpfleger in feindlichen Lagern

mit den Stärken und Schwächen der französischen Denkmalpflege, publizierte gemeinsam mit Paul Clemen zur Kunst und Architektur in Belgien[18]. Er war der Großvater jenes Kunstsammlers Cornelius Gurlitt, in dessen Münchner Wohnung 2013 der sensationelle Kunstfund aus zweifelhaften, z.T. konfiszierten Beständen von Raubkunst gemacht wurde, den dieser seinem Vater Hildebrand Gurlitt, Kunsthändler im „Dritten Reich", zu verdanken hat. Auf die Rückverfolgung der Spuren dieser Kunstwerke wartet die Welt.

Das Thema steckt voller aktueller Brisanz und merkwürdiger biographischer Kontinuitäten. Eine klare Sicht auf die Ereignisse ist keineswegs gegeben, die Verflechtung der Personen über die Generationenfolge sowie das Lehrer-Schüler-Verhältnis nur zum Teil geklärt.

DER KRIEG DER GEISTER

Nun war dieser „Kunstschutz" keineswegs eine vom deutschen Militär in vorausschauender amtlicher Fürsorge geplante Einrichtung, wie das später behauptet wurde. Vielmehr entstand er als Reaktion auf die katastrophale internationale Presse infolge von Kriegsverbrechen im besetzten Belgien, dem Brand der Bibliothek von Leuwen[19] und insbesondere der Beschießung der Kathedrale von Reims am 19. September 1914[20]. All dies gab der alliierten Kriegspropaganda die wohlfeile Karikatur eines barbarischen Hunnensturms in die Hand: Attila II. alias Wilhelm II. ante portas! Nichts war für das deutsche Image verheerender, als dieser Angriff auf die französische Krönungskathedrale, der mit der Behauptung legitimiert wurde, die Franzosen selbst hätten durch die Nutzung der Türme für militärische Beobachtungsposten die schützende Regelung der Haager Landkriegsordnung von 1907 außer Kraft gesetzt und die Beschießung geradezu herausgefordert. Dabei war es gängige Praxis der Artillerie beider Seiten, das vor ihr liegende Glacis einzuebnen, um mögliche Beobachtungsposten auszuschalten. Die Kriegsfotographie der Zeit zeigt kaum einen unversehrten Kirchturm.

Es war vor allem die Ikonographie der geschundenen Kathedrale, die über alle Schichten hinweg in Frankreich gläubige Katholiken, Laizisten, Linke und Nationalkonservative in der Kraft dieses Sakrilegs vereinigte, in dem sich die heilige Nation, „La France" selbst, angegriffen sah. Namhafte Künstler stellten sich in den Dienst dieses ersten propagandistischen „Kriegs der Bilder". Gegen ihre assoziative Wirkungsmacht, die in inflationärer Flut auf Bildpostkarten, in Illustrierten, Fotobänden und Ausstellungen verbreitet wurde und vor allem in den neutralen Staaten und in den USA Wirkung zeigten, waren die verbalen Rechtfertigungsversuche und Gegendarstellungen auf deutscher Seite hilflos und stümperhaft.

Eine große Anzahl rechtfertigender Bilddarstellungen auf deutscher Seite bzw. plakativer Anklagen auf alliierter Seite entstand unmittelbar ab September 1914 mit Motiven der Kathedrale. Sie wurde zum Abbild des verletzten Frankreich stilisiert und erschien als rauchendes Hintergrundmotiv auf zahlreichen Kriegsplakaten und Grafiken namhafter französischer Künstler. Die offenen Briefe der Bildhauer August Rodin und Albert Bartholomé machten das Bildmotiv in Künstlerkreisen zum Ausdruck ihrer Solidarität mit der nationalen Sache.

Sechs Bildmotive zur Kathedrale von Reims

Abb. 2a: Albert Sénéchal, L´Art en Deuil MCMIV – *Die Kunst trägt Trauer*,1914, mit Widmung des Künstlers 1918

« à Monsieur Paul Léon un témoignage de son inlassable devouement pour les monuments nationaux les plus sacrés »

Abb. 2b: deutsche Feldpostkarte, Die Wacht am Rhein, Rückseitentext:: Begründung zur notwendigen Beschießung von Reims

Abb. 2c: Glückwunschkarte zu Kaisers Geburtstag am 27. Januar 1915: La Mort – Joyeux anniversaire, Sire!

5

Paul Léon versus Paul Clemen – zwei Denkmalpfleger in feindlichen Lagern

Abb. 2d : deutsche Feldpostkarte, Rückseite: Beschießung v. Reims durch die Armee des Generaloberst von Einem 21. u. 22. Sept.

Abb. 2e: aus: Mgr. Landrieux, La Cathedrale de Reims – Un Crime Allemand, 1919

Abb. 2f: Französische Feldpostkarte « He is the violator – voilà le déstructeur sacrilège »

Paul Léon versus Paul Clemen – zwei Denkmalpfleger in feindlichen Lagern

Die Replik gipfelte im „Aufruf an die Kulturwelt" von 93 bedeutenden deutschen Intellektuellen[21] , der in sechs Argumenten mit *„Es ist nicht wahr ..."* beginnt und im Schulterschluss mit der deutschen Kriegsmaschinerie endet. U.a. heißt es dort: *„Es ist nicht wahr, dass der Kampf gegen unseren sogenannten Militarismus kein Kampf gegen unsere Kultur ist, wie unsere Feinde heuchlerisch vorgeben. Ohne den deutschen Militarismus wäre die deutsche Kultur längst vom Erdboden getilgt. Zu ihrem Schutz ist er aus ihr hervorgegangen in einem Land, das Jahrhunderte lang von Raubzügen heimgesucht wurde wie kein zweites. Deutsches Heer und deutsches Volk sind eins. Dieses Bewusstsein verbrüdert heute 70 Millionen Deutsche ohne Unterschied der Bildung, des Standes und der Partei. Wir können die vergifteten Waffen der Lüge unseren Feinden nicht entwinden. Wir können nur in alle Welt hinausrufen, dass sie falsches Zeugnis ablegen wider uns. Euch, die Ihr uns kennt, die Ihr bisher gemeinsam mit uns den höchsten Besitz der Menschheit gehütet habt, Euch rufen wir zu: Glaubt uns! Glaubt, dass wir diesen Kampf zu Ende kämpfen werden als ein Kulturvolk, dem das Vermächtnis eines Goethe, eines Beethoven, eines Kant ebenso heilig ist wie sein Herd und seine Scholle. Dafür stehen wir bei Euch ein mit unserem Namen und mit unserer Ehre!"*

Die Liste der Unterzeichner liest sich wie das „Who is Who" der damaligen deutschen Kulturelite, darunter Architekt Peter Behrens, Dichter Richard Dehmel, Forscher Paul Ehrlich, Dramatiker Gerhard Hauptmann, Komponist Engelbert Humperdinck, Maler Max Liebermann, Schriftsteller Friedrich Naumann, Physiker Max Planck, Regisseur Max Reinhardt, Physiker Wilhelm Roentgen, Theologe Reinhold Seeberg, Maler Franz von Stuck, um nur einige zu nennen.

Damit war der Krieg zwischen „la Kultur germanique" und „la Civilisation" eröffnet, den das deutsche Kaiserreich mit dem Bild der brennenden Kathedrale in den ersten Kriegsmonaten vernichtend verlor[22]. Im Feuer von Reims, das von einem Fassadengerüst auf das Dach übergriff, kamen obendrein dutzende deutscher Kriegsgefangener ums Leben, für die man die Kathedrale als Lazarett eingerichtet hatte. Es war die Urkatastrophe für das deutsche Ansehen in der Welt[23].

Paul Clemen, der in den wenigen Tagen der Besatzung von Reims nach dem 4. September und noch während der verlustreichen Schlacht an der Marne vor deutschen Offizieren eine Vorlesung über gotische Architektur in der Kathedrale gehalten hatte, war entsetzt. Er eilte an die Front zurück und schrieb ein Gutachten über den Zustand des Bauwerks[24], in dem er die Schäden verharmloste und ihre Wiederherstellung als problemlos einstufte: Er hatte die Kathedrale „sachkundig" durch das Scherenfernrohr aus 6 km Entfernung „untersucht", da Reims nach der Niederlage an der Marne wieder in französischer Hand war. Der Beschuss wurde als bedauerlicher und unbeabsichtigter Unfall eingestuft. Obendrein bezichtigte auch er die französische Armee, die Beschießung selbst herausgefordert zu haben und stellte sich damit unmissverständlich hinter das deutsche Militär. Damit war er, der Frankreichkenner und Bewunderer französischer Kunst und Architektur, auf der französischen Seite als persona non grata und zynischer Militarist eindeutig geortet – ein image, das er später nie wieder los wurde, so sehr er auch dagegen anschrieb[25].

Blick auf die Stadt Reims
(vom Scherenfernrohr aus gezeichnet)

Bildmotiv 3: Zeichnung Otto Engelhardt-Kyffhäuser[26] durch das Scherenfernrohr, 8.03.1916
zeigt den Eindruck, den Paul Clemen zur Abfassung seines Gutachtens hatte.

KULTUR

Bildmotiv 4: Der Kunstschutz im Bild

Abb. 4a Französische Karikatur in „Le Flambeau" 1915, übertitelt „KULTUR": „De quoi se pleignent-ils? Les touristes seront bien
plus nombreux" (worüber beschweren die sich ? es werden viel mehr Touristen kommen …)

Abb. 4b Paul Clemen, der Wissenschaftler und Kunstschützer in martialischer Pose, Fotografie RhAD, Nachlass Clemen

Abb. 4c Karikatur von Albert Hahn aus „De Hollandsche Revue": De puinhoopen van Leuven / Der Trümmerhaufen von Leuven: „Traure nur nicht, Belgien! Für die paar vernichteten Kathedralen und Gemälde bringen wir jetzt neue Bilder und Handbücher, mit denen Du die Kirchen wieder aufbauen kannst – alles … made in Germany", aus: Jan Feith; De Oorlog in Prent, Amsterdam 1915

Paul Léon versus Paul Clemen – zwei Denkmalpfleger in feindlichen Lagern

PAUL LÉON UND DIE FRANZÖSISCHE DENKMALPFLEGE BEI KRIEGSBEGINN[27]

Die Jahre zwischen 1905 und 1914 waren für die Entwicklung der französischen Denkmalpflege schwierig. Mit dem laizistischen Gesetz zur Trennung von Kirche und Staat 1905 fiel dem Service des Monuments Historiques eine Herkulesaufgabe zu: Auf einen Schlag wurde der französische Staat Eigentümer aller bisher kirchlichen Baudenkmale. Sämtliche Kathedralen klassifizierte man formell als nationale Denkmale. Dafür war das durchaus fortschrittliche Denkmalschutzgesetz von 1887 überfordert, zumal keine adäquate Finanzierung für den neuen Denkmälerbestand bereitgestellt wurde. Die kleineren Kirchen und ihr Besitz fielen an die Gemeinden, die damit ebenfalls überfordert waren. Um ihren Erhalt sollten sich private Organisationen kümmern. Teilweise kam es zu chaotischen Verkäufen von Kulturgut, mit denen sich die Gemeinden ihre kommunalen Kassen aufbesserten. Reiche Amerikaner kauften und translozierten ganze Bauwerke in die USA. Eine Kontrolle über das so verstaatlichte kulturelle Erbe war kaum noch gegeben. Es begann das „große Elend der Kirchen Frankreichs", wie der nationalkonservative politische Schriftsteller Maurice Barrès es ausdrückte[28].

In diesem komplizierten Jahr 1905 wurde Paul Léon zum Chef de Cabinet im Sous-Sécrétariat der Beaux-Arts berufen und sofort mit der operativen Umsetzung des Gesetzes betraut, dessen praktische Konsequenzen im Tagesgeschäft der Denkmalpflege niemand vorher überblickt hatte. Tatsächlich gelang es ihm als geschicktem Verwaltungschef, die schwerfällige Struktur der Beaux-Arts zu reformieren und für die neuen Herausforderungen zu rüsten. Dabei war er gar kein ausgewiesener Fachmann für die Denkmalpflege. Er hatte Geographie und Geschichte an der École Normale Supérieure studiert. Nach einem Reisestipendium nach Berlin und Wien 1903 provierte er über ein kulturgeographisches Thema zu Binnenschifffahrt und Eisenbahnwesen in Frankreich an der Sorbonne[29]. Er stammte aus einem bürgerlich-jüdischen Milieu, hatte eine sehr gute Ausbildung und verstand deutsch. Persönliche Verbindungen der Familie ebneten ihm den Weg in die Denkmalverwaltung. Nur für einige Monate geplant, blieb er 28 Jahre und fand dort seine Passion.[30]

Bildmotiv 5
Paul Léon an seinem Arbeitstisch -
Paul Léon à sa table de travail;
huile sur bois, H:46, L:55, MAP
Paris
Bildagentur bpk Berlin

Paul Léon versus Paul Clemen – zwei Denkmalpfleger in feindlichen Lagern

Im Jahr 1906 heiratete er Madeleine Alexandre, die Tochter des bedeutenden Kunstkritikers und Journalisten Arsène Alexandre (1859-1937)[31]. Diese persönliche Verbindung und die Nähe zu seinem Schwiegervater dürfte für seine Einschätzungen zur Denkmalpflege nicht unerheblich gewesen sein[32]. Er sah sich selbst eher als Organisator und Mediator mit diplomatischem Geschick zwischen widerstreitenden Positionen im Kompetenzgerangel der Beaux-Arts.

PAUL LÉON ALS „CHEF DU SERVICE D´ARCHITECTURE" IM KRIEG

Erst das moderne Denkmalschutzgesetz vom 31.12.1913 enthielt Regelungen, die den Zugriff des Staates in der Breite sicherstellten. Es verschärfte das Gebot der Eingriffsminimierung in Abkehr von der Restaurierungspraxis des 19. Jahrhunderts. Private Baudenkmale wurden nun auch erfasst, die Kriterien zur Klassifizierung neu geregelt, das private Verfügungsrecht auf das Eigentum bei Vorliegen eines öffentlichen Interesses eingeschränkt. Die „Caisse des Monuments Historiques" zur Finanzierung von Maßnahmen wurde gegründet, die systematische Inventarisierung in der Fläche gesetzlich vorgeschrieben. Die Grundzüge dieses Gesetzes gelten im Wesentlichen bis heute.

Das neue Gesetz trat Anfang 1914 in Kraft und führte zu erheblichem Widerstand bei den Gemeinden und in den Regionen, die sich gegen den weitgehenden Durchgriff des Zentralstaats wehrten. Das Gesetz hatte die Inventarisation aller Denkmäler Frankreichs für die kommenden drei Jahre vorgesehen – was illusorisch erschien. Es war also keineswegs implementiert, als die Invasion der deutschen Armee im Sommer mit voller Wucht das unvorbereitete Land traf. Die Meldungen aus Belgien ließen das Schlimmste befürchten.

Bildmotiv 6: Angriffe auf Baudenkmale
Abb. 6a: Splitterschutz durch Sandsäcke, aus: Nachlass Clemen, Rheinisches Amt für Denkmalpflege RhAD
Abb. 6b: Deutscher Flieger über Paris - Feldpostkarte

In aller Eile wurden Sandsack-Sicherungen empfindlicher Denkmäler, Kirchenportale und Intérieurs vorgenommen. Paul Léon erreichte die Einrichtung eines photographischen Dienstes, der - der Armee zugeordnet und personell sowie mit Fahrzeugen ausgestattet - Notdokumentationen vornahm. Diese Bilddokumentationen – als Beweissicherungsverfahren verwendet - dienten ab 1915 der

Kriegspropaganda und wurden mit großer Wirkung 1916 im Petit Palais[33] in Paris und in San Francisco ausgestellt. Sehr schnell mussten Sicherungsdepots im Hinterland angelegt werden und man evakuierte auch die wichtigen Kunstschätze aus den Museen in Paris, da nicht vorhersehbar war, wie dieser Krieg sich entwickeln würde. Es kam früh zu ersten Zeppelinangriffen. Die „Taube" über Paris wurde zum Schreckgespenst. Die Kommissionsberichte vom Abtransport der Kunstschätze aus dem Louvre nach Toulouse lesen sich dramatisch[34]. Die Regierung war inzwischen mit der Verwaltung der Beaux-Arts nach Bordeaux geflohen, Léon unermüdlich in den gefährdeten Gebieten auf Reisen. Er schreibt in seinen Lebenserinnerungen von Schwierigkeiten mit den lokalen Verwaltungen und Museen, die - misstrauisch gegen das neue Denkmalschutzgesetz – ihre Kunstschätze nicht den staatlichen Sicherungsdepots anvertrauen wollten. Der Bürgermeister von Reims gab die Tapisserien der Kathedrale gegen das Votum Paul Léons nicht heraus. Sie verbrannten wenige Tage später im Bombardement[35]. In Lille kam es zum Einmarsch der deutschen Armee, während man noch über die Evakuierung der dortigen Museen verhandelte. So blieb Vieles vor Ort, das später verloren ging – oder vom deutschen „Kunstschutz" geborgen wurde. In der Summe überboten Evakuierung und Sicherung auf französischer Seite – eine logistische Meisterleistung von Paul Léon – die späteren Sicherungsdepots des „Kunstschutzes" um ein Vielfaches angesichts der Ausdehnung der Gebiete und der Unsicherheit, welche Regionen zur Kampfzone werden könnten. Mit der Verfestigung der Frontlinien im Grabenkrieg kehrte für die französische Denkmalpflege eine relative Ruhe ein, aber auch die große Sorge um fünf sogenannte „Villes Martyres" unter Dauerbeschuss in der vordersten Linie: Verdun, Reims, Soissons, Arras, später Saint-Quentin sowie Ypern in Belgien. Die Kriegsjahre nutzte Léon zu weiteren Umstrukturierungen der Beaux-Arts, Verbesserung der Personalsituation und Abstimmung mit den militärischen Strukturen. Paul Léon stieg 1915 zum Chef der Commission des Monuments Historiques auf, einem Gremium, dem alle Maßnahmen an klassifizierten Baudenkmalen vorzulegen waren. Er wurde damit zur zentralen Koordinationsstelle für sämtliche Aktivitäten der Kriegsdenkmalpflege in Frankreich: Nichts ging ohne ihn.

Der taktische Rückzug der deutschen Armee 1917 zur Frontverkürzung auf die sog. „Siegfriedstellung" als Hauptverteidigungslinie für die Groß-Offensiven 1918 setzen das Prinzip der verbrannten Erde systematisch um und machten alle Bemühungen des Denkmalschutzes auf deutscher wie auf französischer Seite nichtig. 1917 kam es zur Sprengung der mittelalterlichen Burg Coucy le Chateau[36], die unglücklich in das Glacis der Siegfriedstellung geraten war, nachdem Bodo Ebhardt sie in einer Bauaufnahme zuvor dokumentierte und beschrieb[37]. Die Bemühungen des „Kunstschutzes" und auch ein Besuch des Oberbefehlshabers (des Kaisers selbst?) vor Ort konnte sie nicht retten, wie Paul Clemen schrieb. Der Brief eines Kameraden an den Soldaten Carl Zuckmayer[38] berichtet von diesem unter dem Decknamen „Alberich" geführten Manöver:

Bildmotiv. 7: „Unternehmen Alberich"
Verbrannte Erde beim Rückzug auf die Siegfriedstellung 1917[39]

Paul Léon versus Paul Clemen – zwei Denkmalpfleger in feindlichen Lagern

"... dann kam der Rückzug von der Somme, einer meiner traurigsten und bittersten Kriegseindrücke.

Altbekannte, freundliche Dörfer gesprengt, in Flammen, an allen Ecken Brand und Zerstörung, furchtbare
grässliche Wüste, schlimmer anmutend als das durch Kriegsgewalt zerstampfte Schlachtfeld vorne.

Evakuierte, das schweigende, namenlose Elend Hunderter, Tausender, die von ihrer Heimat verbannt,
auseinander gerissen werden. Und das Düsterste: St. Quentin, die schöne, geliebte Stadt, sah ich
sterben. Ich liebte diese Stadt der Leichtigkeit und Helligkeit, die von den freisinnigen Bürgern etwas
beiseite gesetzte und doch so gewaltige Basilika, das hochstrebende, ernsthafte Rathaus mit der
mittelalterlich blechernen Nachdenklichkeit des Glockenspiels, aufziehende Wache, bevölkerte Straßen,
Frauen, die zarten Pastelle Latours, über den ich vielleicht einmal meine Doktorarbeit schreiben will ..."

DIE BASILIKA VON SAINT-QUENTIN ALS FANAL DES SCHEITERNS

Um kein Baudenkmal wurde abgesehen von der Kathedrale in Reims polemischer gestritten, als um die Collégiale de Saint-Quentin. Zunächst im deutschen Etappengebiet rückwärts der Front in relativer Ruhe gelegen, geriet die Stadt 1917 in die Reichweite englischer und französischer Artillerie durch den deutschen Rückzug auf die Siegfriedstellung. Es ergab sich quasi die spiegelbildliche Lage zu Reims: Dort hatte die französische Denkmalpflege unter Lebensgefahr und ständigem Beschuss die Reste der Glasfenster ausgebaut und geborgen[40], nachdem sich zuvor ein Schwarzmarkt mit „Devotionalien" aus Kirchenfensterbruch entwickelt hatte – auch eine Folge der Publizität, die das Sakrileg von Reims erreichte. Dem Aufbau eines unter päpstlicher Vermittlung ausgehandelten Notdachs über der Ruine hatte der deutsche Generalstab zugestimmt. Er scheiterte am Widerstand des französischen Generalstabs, der im Frühjahr 1917 eine Offensive bei Reims vorbereitete. In St. Quentin war der Ausbau der Glasfenster durch den deutschen „Kunstschutz" erfolgt, solange die Stadt noch sicher war[41]. Bis zum 18. März 1917 wurden die Bewohner vor dem Rückzug evakuiert, Plünderungen folgten. Bis zur deutschen Frühjahrsoffensive 1918 lagen Saint-Quentin und die Basilika unter ständigem Beschuss durch englische und französische Geschütze. Der Fall wurde als Kronzeuge gegen die alliierte Polemik publizistisch ausgebreitet und unter Verweis auf die Notwendigkeiten des Krieges der Öffentlichkeit als Entschuldigung für den fortdauernden Beschuss der Kathedrale in Reims vorgeführt. Maurice Barrès konterte mit der propagandistischen Wortschöpfung der „Cathédrale violée", der „geschändeten Kathedrale" in Reims - im Kontrast zur „Cathédrale tombée sur le Champs d´Honneur" in Saint-Quentin: „gefallen auf dem Feld der Ehre"[42]. Im Oktober 1918, von den Alliierten erobert, war die Stadt ein Trümmerhaufen.

Belm Rückzug der bedrängten deutschen Armee 1918 wurden Wohnhäuser, aber auch Denkmalgebäude miniert und gesprengt, deren Zerstörung man später der alliierten Fliegerei und deren Geschützen in die Schuhe schob. Paul Clemen und andere Vertreter des „Kunstschutzes" bestritten oder verharmlosten diesen systematischen Vandalismus in Aufsätzen und Publikationen. Bei ihnen galt gerade Saint-Quentin als Paradebeispiel für die deutschen Bemühungen, die Kunstwerke des Gegners zu schonen und für die Barbarei der Franzosen, die ihre eigenen Kulturdenkmale in Grund und Boden schossen[43]. Allerdings ist die Beweislage für die Basilika von Saint-Quentin unstrittig[44]: Zweifellos erfolgte der Beschuss der Stadt vorwiegend durch die alliierte Artillerie, aber neunzig Minenlöcher in den Pfeilern und Wänden belegen die Absicht zur Sprengung vor dem Abzug der deutschen Armee. Nur die Hast des Rückzugs verhinderte die Auslösung der Explosion. Die Dokumente im Nachlass Léon sind authentisch – zusammen mit den ausgeschnittenen deutschen Zeitungsartikeln, die das Gegenteil behaupten[45]. So lassen sich die Vorgänge um Reims und Saint-Quentin als Katastrophen mit umgekehrten Vorzeichen lesen, die im Ergebnis auf Dasselbe hinausliefen: Auf das vollständige Scheitern des Versuchs beider Seiten, einen wirkungsvollen „Kunstschutz" für Baudenkmale als Kriegsdenkmalpflege zu etablieren.

Die Trümmer der viele Jahrhunderte alten Kathedrale von St. Quentin.

Bildmotiv 8 Basilika Saint-Quentin

Abb. 8a Saint-Quentin, Basilika, seit 1917 unter französischem und englischem Beschuss[46]

Abb. 8b Minenlöcher zur Vorbereitung der Sprengung, vorgefunden nach dem Abzug der deutschen Armee[47], 1918

FAZIT

Paul Clemen erhielt für seine Verdienste im "Kunstschutz" nach dem Krieg die Ehrendoktorwürde der Technischen Hochschule Karlsruhe. Paul Léon wurde für seine Verdienste in der Kriegsdenkmalpflege im Jahr 1919 auf Vorschlag des Präsidenten Georges Clemenceau zum Chef de la Direction des Beaux-Arts ernannt, zum obersten Leiter nicht nur der französischen Denkmalpflege, sondern des Kulturbetriebs überhaupt. Seine erste Aufgabe war die Ausrichtung der Siegesfeiern zum 14.Juli 1919. Mit dem Ende des Krieges begann nicht nur das materielle Aufräumen, sondern auch das geistig-intellektuelle. Paul Clemens Publikation „Kunstschutz im Kriege" von 1919 war in Frankreich früh bekannt, da sie insbesondere als Weißbuch an die Adresse der Alliierten geschrieben wurde. Teile einer Übersetzung finden sich in Paul Léon´s Nachlass. Dieser wollte den Deutschen keinesfalls die Deutungshoheit über die Ereignisse überlassen und regte bei seinen Kollegen eine Gegenpublikation an mit dem Titel: „La France Monumentale et la Guerre". Das Typoscript dieses nicht vollendeten Werks liegt im persönlichen Nachlass von Paul Léon in der Médiathèque du Patrimoine et de l´Architecture in Charenton bei Paris (cote 80-47-2) und gliedert sich in folgende Titel: - Les premiers mesures de sauvegarde (erste Rettungsmaßnahmen) – L´organisation de la sauvegarde (Organisation der Rettungsmaßnahmen) – La protection des monuments (Schutz der Denkmäler) – Le sauvetage des objets mobiliers (Rettung mobiler Kunstobjekte) – Les musées de la zone de combat (Museen in der Kampfzone) – Dans la zone occupée (die besetzte Zone) – Les vestiges de guerre (Zeugnisse des Krieges)

Inhaltlich geht dieses Buchprojekt in Paul Léon´s Hauptwerk auf: La Vie des Monuments Français - Déstruction, Restauration – Picard, Paris 1951, allerdings mit erheblichem zeitlichem Abstand und nach der Erfahrung eines weiteren Weltkrieges. Paul Clemen hatte großen Respekt vor seinem Kontrahenten Paul Léon. Er würdigt mehrfach anerkennend dessen Publikationen und seine besonnene und ruhig-sachliche Darstellung. Ob beide jemals direkt miteinander kommuniziert haben, ist ungeklärt.

Die Aufarbeitung der Kriegsdenkmalpflege im Ersten Weltkrieg ist in Deutschland nicht entwickelt. Als ideengeschichtlicher Wendepunkt für die Disziplin der Denkmalpflege wird sie weithin unterschätzt.[48] Eine umfangreiche Forschung existiert zum Wiederaufbau im zerstörten Ostpreußen ab 1915 von polnischer Seite[49]. In Frankreich und in Belgien sind die Untersuchungen weiter fortgeschritten, doch zeigt sich in den dortigen Publikationen, dass der Komplex ohne die Archive der jeweils anderen Seite nicht erschöpfend zu bearbeiten ist[50]. Eine nationale Sicht der komplizierten Abhängigkeiten zwischen den Akteuren und generationsübergreifenden biographischen Verflechtungen im Dickicht der Propaganda und zensierten Schriften führt nicht zum Ergebnis. Auch die Betrachtung aus einer einzelnen Fachdisziplin heraus, der des Kunsthistorikers, des Historikers, führt nicht zum Ziel. Die Folgen dieser Urkatastrophe schlagen sich in der Zwischenkriegszeit in Konzepten zum Wiederaufbau der Monumente, zum Städtebau, zur Architektur und in der Theorie der Denkmalpflege in den betroffenen Ländern unterschiedlich, bisweilen widersprüchlich nieder – all dies in einer Epoche, in der sich die internationale Moderne des XX. Jahrhunderts mit neuen theoretischen Ansätzen formiert.

Paul Léon versus Paul Clemen – zwei Denkmalpfleger in feindlichen Lagern

Eine interdisziplinäre und europäische Betrachtung im Sinne der „Histoire Croisée" könnte diesem Phänomen gerecht werden. Ein entsprechendes deutsch-französisch-belgisches Forschungsprojekt unter Beteiligung österreichischer, italienischer und polnischer Kolleginnen und Kollegen für den südlichen und östlichen Kriegsschauplatz wäre anzuregen.

Die Kathedrale von Reims und das Universitätsviertel
Monochromes de la Grande Guerre, Médiathèque du Patrimoine et de l'Architecture, Charenton / Paris

Aufnahme vom 6. April 1917, Castelnau, Paul ; Opérateur CA (code armée, photographe)
Ministère de la Culture (France) - Médiathèque de l'architecture et du patrimoine - diffusion RMN
http://www.mediatheque-patrimoine.culture.gouv.fr/fr/archives_photo/visites_guidees/autochromes.html
(Zugriff am 12.04.2014)

Paul Léon versus Paul Clemen – zwei Denkmalpfleger in feindlichen Lagern

Annex 1: Leben und Karriere von Paul Léon[51]

Geb. 1874 als viertes von fünf Kindern in bürgerlich-jüdischer Familie in sozialistischem Milieu, Vater
stirbt 1886, finanzielle Schwierigkeiten der Familie; 1894 Aufnahme des Studiums der Geschichte und
Geographie an der École Normale Supérieure in Paris, Reisestipendium nach Berlin und Wien, 1900
stirbt die Mutter; 1903 Dissertation im Fach Geographie; 1905 Chef de Cabinet au sous-sécrétariat aux
Beaux-Arts – 1907 Chef du Service d´architecture – 1915 Chef de la Commission des Monuments
historiques – 1919 Chef da la Direction des Beaux-Arts – 1922 Mitglied der Academie des Beaux-Arts -
1925 Generalkommissar für die internationale Kunstgewerbeausstellung des Arts décoratifs et industriels
modernes in Paris – 1928 Generaldirektor der Beaux-Arts – 1933 Ausscheiden aus dem aktiven Dienst,
Ordinarius am Collège de France mit dem Lehrstuhl für Histoire de l´Art Monumentale, hält zahlreiche
öffentliche Vorlesungen und schreibt zur Theorie und Praxis der Denkmalpflege - 1937 Organisator der
Exposition Internationale des Arts et Techniques in Paris – 1940- 44 Opfer antisemitischer Gesetze des
Vichy-Regimes, Rückzug in die freie Zone Südfrankreichs, schreibt seine Lebenserinnerung – 1955
Chefredakteur der Zeitschrift Monuments Historiques und Museumskonservator in Chantilly – stirbt 1962
dort mit 88 Jahren.

Paul Léon im Alter zwischen 40 und 50 Jahren

Annex 2: Leben und Karriere von Paul Clemen[52]

Geb. 1866 als zweites Kind in einer evangelischen Theologenfamilie in Leipzig, Schulbesuch in Grimma / Sachsen - 1885 bis1889 Studium der Kunstgeschichte, der deutschen Philologie und Geschichte in Leipzig, Bonn und Straßburg, dort Promotion über die „Portraitdarstellungen Karls des Großen" - Ab 1890 Festanstellung zur Inventarisation der Kulturdenkmäler der Rheinprovinz (bis 1937 entstanden 56 Bände unter seiner Mitwirkung) - 1893 Wahl zum Provinzialkonservator der Rheinprovinz - 1894 Professor für mittlere und neuere Kunstgeschichte an der Universität Bonn, Ausgedehnte Studienreisen nach Frankreich, Italien, in den Orient u.a. als Begleiter der kaiserlichen Familie; zeitweilig ist der Kronprinz sein Student und Fürsprecher - 1906 Initiator und Gründer des Rheinischen Vereins für Denkmalpflege und Heimatschutz (heute … und Landschaftsschutz) - 1907/08 Gastprofessor in Harvard – 1911 Geheimer Regierungsrat für besondere Verdienste, Rücktritt als Provinzialkonservator, Vorsitz im „Denkmalrat der Rheinprovinz" – für die Verdienste im „Kunstschutz" während des Ersten Weltkrieges Ehrendoktorwürde der Technischen Hochschule Karlsruhe 1918 – mehrfach hohe und höchste Orden und Auszeichnungen – beendet 1935 die Lehrtätigkeit – stirbt 1947 in Endorf im Alter von 80 Jahren.

Paul Clemen im Alter von ca. 50 Jahren (links) und im Alter von ca. 34 Jahren (rechts)

Annex 3: Aufruf der deutschen Intellektuellen an die Kulturwelt 1914[53]

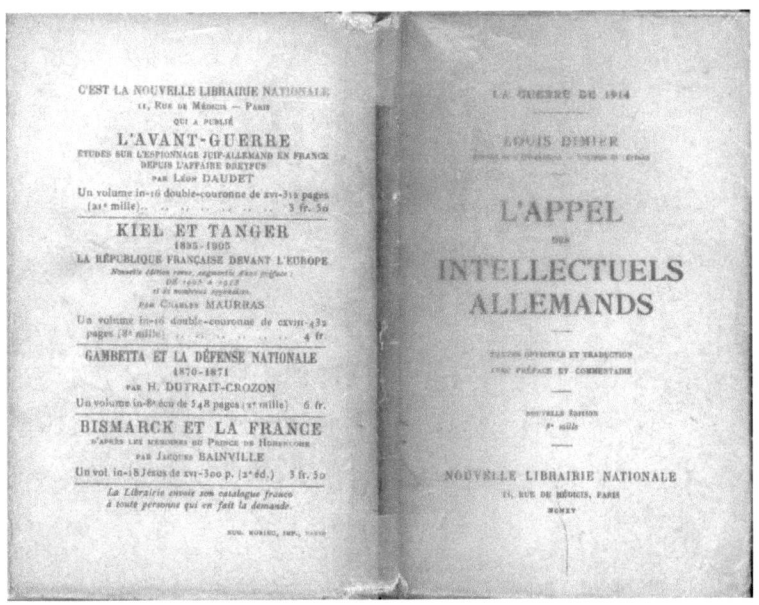

48   L'APPEL DES INTELLECTUELS.

1) Es ist nicht wahr, dass *Deutschland diesen Krieg verschuldet hat.* Weder das Volk hat ihn gewollt, noch die Regierung, noch der Kaiser. Von deutscher Seite ist das Aeusserste geschehen ihn abzuwenden. Dafuer liegen der Welt die urkundlichen Beweise vor. Oft genug hat Wilhelm II in den 26 Jahren seiner Regierung sich als Schirmherr des Weltfriedens erwiesen; oft genug haben selbst unsere Gegner dies anerkannt. Ja, dieser naemliche Kaiser, den sie jetzt einen Attila zu nennen wagen, ist jahrzehntelang wegen seiner unerschuettlichen Friedensliebe von ihnen verspottet worden. Erst als eine schon lange an den Grenzen lauernde Uebermacht von drei Seiten ueber unser Volk herfiel, hat es sich erhoben wie ein Mann.

2) Es ist nicht wahr, *dass wir freventlich die Neutralitaet Belgiens verletzt haben.* Nachweislich

---

ration et contre ces soupçons nous élevons haut notre voix. Elle sera la messagère de la vérité.
1) Il n'est pas vrai que l'Allemagne soit coupable de la guerre. Ni la nation, ni le gouvernement, ni l'empereur ne l'ont voulue. Du côté allemand on a fait l'impossible pour l'éviter. Le monde en a sous les yeux les preuves authentiques. Assez souvent, pendant les vingt-six ans de règne, Guillaume II s'est affirmé comme protecteur de la paix universelle; assez sou-

---

L'APPEL DES INTELLECTUELS.   49

1) Il n'est pas vrai que l'Allemagne ait provoqué cette guerre. Ni le peuple, ni le gouvernement, ni l'empereur allemands ne l'ont voulue. Jusqu'au dernier moment, jusqu'aux limites du possible, l'Allemagne a lutté pour le maintien de la paix. Le monde entier n'a qu'à juger d'après les preuves que lui fournissent les documents authentiques. Maintes fois pendant son règne de vingt-six ans Guillaume II a sauvegardé la paix, fait que maintes fois nos ennemis mêmes ont reconnu. Ils oublient que cet empereur qu'ils osent comparer à Attila, a été pendant de longues années l'objet de leurs railleries provoquées par son amour inébranlable de la paix. Ce n'est qu'au moment où il fut menacé d'abord et attaqué ensuite par trois grandes puissances en embuscade, que notre peuple s'est levé comme un seul homme.

2) Il n'est pas vrai que nous ayons violé criminellement la neutralité de la Belgique. Nous

---

vent nos adversaires eux-mêmes ont reconnu ce caractère. Oui, ce même empereur, qu'à présent ils osent appeler Attila, a été pendant tout ce temps l'objet de leurs moqueries, à cause de son amour inébranlable de la paix. Enfin l'attaque armée qui depuis longtemps guettait l'Allemagne sur ses frontières ayant fondu sur nous de trois côtés à la fois, à l'instant même la nation s'est levée comme un seul homme.
2) Il n'est pas vrai que nous ayons violé criminellement la neutra...

---

50   L'APPEL DES INTELLECTUELS.

waren Frankreich und England zu ihren Verletzung entschlossen. Nachweislich war Belgien damit einverstanden. Selbstvernichtung waere es gewesen, ihnen nicht zuvorzukommen.

3) Es ist nicht wahr, *dass eines einzigen belgischen Buergers Leben und Eigentum von unseren Soldaten angetastet worden ist,* ohne dass die bitterste Notwehr es gebot. Denn wieder und immer wieder, allen Mahnungen zum Trots, hat die Bevoelkerung sie aus dem Hinterhalt geschossen, Verwundete verstuemmelt, Aerzte bei der Ausuebung ihres Samariterwerkes ermordet. Man kann nich niedertraechtiger faelschen als wenn man die Verbrechen dieser Meuchelmoerder verschweigt, um die gerechte Strafe, die sie erlitten haben, den Deutschen zum Verbrechen zu machen.
4) Es ist nicht wahr, *dass unsere Truppen brutal gegen Loewen gewuetet haben.* An einer

---

neutralité de la Belgique. Positivement la France et l'Angleterre avaient résolu de la violer. Positivement la Belgique entrait dans ce complot. C'eût été nous anéantir nous-mêmes que de ne pas en devancer l'effet.
3) Il n'est pas vrai qu'un seul citoyen belge ait reçu d'atteinte de nos soldats, soit dans sa vie, soit dans ses biens, sans que le cas de légitime défense les y ait cruellement contraints. Car la population, sans se lasser jamais et au mépris de nos avertissements,

---

L'APPEL DES INTELLECTUELS.   51

avons la preuve irrécusable que la France et l'Angleterre, sûres de la connivence de la Belgique, étaient résolues à violer elles-mêmes cette neutralité. De la part de notre patrie, c'eût été commettre un suicide que de ne pas prendre les devants.

3) Il n'est pas vrai que nos soldats aient porté atteinte à la vie ou aux biens d'un seul citoyen belge sans y avoir été forcés par la dure nécessité d'une défense légitime. Car en dépit de nos avertissements, la population n'a cessé de tirer traîtreusement sur nos troupes, a mutilé des blessés et a égorgé des médecins dans l'exercice de leur profession charitable. On ne saurait commettre d'infamie plus grande que de passer sous silence les atrocités de ces assassins et d'imputer à crime aux Allemands la juste punition qu'ils se sont vus forcés d'infliger à des bandits.

4) Il n'est pas vrai que nos troupes aient brutalement détruit Louvain. Perfidement assaillies

---

n'a cessé de tirer sur eux en traître, de mutiler les blessés, de massacrer les médecins dans l'exercice de leur profession charitable. Il est mensonger, il est ignoble de passer sous silence les crimes de ces assassins et de représenter leur juste punition comme un crime de la nation allemande.
4) Il n'est pas vrai que la rage aveugle de nos troupes ait brutalement détruit Louvain. A une population en furie, qui se ruait en traîtrise sur nos cantonnements, nos troupes ont été

KRIEGSDENKMALPFLEGE 1914 – 1918
Emil Hädler, Aufsatz für DIE DENKMALPFLEGE 1/2014 – extended version
Paul Léon versus Paul Clemen – zwei Denkmalpfleger in feindlichen Lagern

52 L'APPEL DES INTELLECTUELS.

rasenden Einwohnerschaft, die sie im Quartier heimtueckisch ueberfiel, haben sie durch Beschiessung eines Teils der Stadt schweren Herzens Vergeltung ueben maessen. Der groesste Teil von Loewen ist erhalten geblieben. Das beruehmte Rathhaus steht gaenzlich unversehrt. Mit Selbstaufopferung haben unsere Soldaten es vor den Flammen bewahrt.

Sollten in diesem furchtbaren Kriege Kunstwerke zerstoert worden sein oder noch zerstoert werden, so wuerde jeder Deutsche es beklagen. Aber so wenig wir uns in der Liebe zur Kunst von irgend jemand uebertreffen lassen, so entschieden lehnen wir es ab, die Erhaltung eines Kunstwerks mit einer deutschen Niederlage zu erkaufen.

5) Es ist nicht wahr, *dass unsere Kriegsfuehrung die Gesetze des Voelkerrechts missachtet. Sie kennt keine zuchtlose Grausamkeit. Im Osten aber traenkt das Blut der von russischen Horden hingeschlachteten Frauen und Kinder die Erde, und im Westen zerreissen Dumdumgeschosse unsern Kriegern die*

---

forcées de répondre par des représailles, en canonnant, le cœur navré, un quartier de la ville. La plus grande partie de Louvain est conservée. Le célèbre hôtel de ville est entièrement sauvé. Nos soldats ont dévoué leur existence afin de le préserver des flammes.

Que si dans cette terrible guerre, des œuvres d'art avaient péri ou que d'autres dussent périr encore, il n'y aurait pas d'Allemand

---

L'APPEL DES INTELLECTUELS. 53

dans leurs cantonnements par une population en fureur, elles ont dû, bien à contre-cœur, user de représailles et canonner une partie de la ville. La plus grande partie de Louvain est restée intacte. Le célèbre hôtel de ville est entièrement conservé : au péril de leur vie, nos soldats l'ont protégé contre les flammes.

Si dans cette guerre terrible, des œuvres d'art ont été détruites ou l'étaient un jour, voilà ce que tout Allemand déplorera certainement. Tout en contestant d'être inférieurs à aucune autre nation dans notre amour de l'art, nous refusons énergiquement d'acheter la conservation d'une œuvre d'art au prix d'une défaite de nos armes.

5) *Il n'est pas vrai que nous fassions la guerre au mépris du droit des gens. Nos soldats ne commettent ni actes d'indiscipline ni cruautés. En revanche, dans l'Est de notre patrie la terre boit le sang des femmes et des enfants massacrés par les hordes russes, et sur les champs de bataille de*

---

qui ne s'en affligeât; mais qu'on sache bien que, tout en prétendant ne le céder à personne en fait d'amour de l'art, nous refusons résolument d'acheter d'une défaite allemande la conservation d'une œuvre d'art.

5) Il n'est pas vrai que la manière dont nous faisons la guerre soit en contradiction avec le droit des gens. Aucune indiscipline, aucune cruauté ne l'accompagne. En revanche, dans l'Est la

---

54 L'APPEL DES INTELLECTUELS.

Brust. Sich als Verteidiger europaeischer Zivilisation zu gebaerden, haben die am wenigsten das Recht, die sich mit Russen und Serben verbuenden und der Welt das schmachvolle Schauspiel bieten Mongoler und Neger auf die weisse Rasse zu hetzen.

6) Es ist nicht wahr, *dass der Kampf gegen unsern sogenannten Militarismus ein Kampf gegen unsere Kultur ist, wie unsere Feinde heuchlerisch vorgeben. Ohne den deutschen Militarismus waere die deutsche Kultur laengst vom Erdboden getilgt. Zu ihrem Schutz ist er aus ihr hervorgegangen in einem Lande das jahrhundertelang von Raubzuegen heimgesucht wurde wie kein zweites. Deutsches Heer und deutsches Volk sind eins. Dieses Bewusstsein verbruedert heute 70 Millionen Deutsche ohne Unterschied der Bildung, des Standes und der Partei.*

---

terre s'abreuve du sang des femmes et des enfants massacrés par les hordes russes, et dans l'Ouest les balles dum-dum déchirent la poitrine de nos soldats. La prétention d'agir en défenseurs de la civilisation européenne sied à ceux-là moins qu'à personne, qui s'allient aux Russes et aux Serbes, et font voir au monde cet outrageux spectacle, d'une meute de Mogols et de nègres lancée par eux contre la race blanche.

L'APPEL DES INTELLECTUELS. 55

l'Ouest, les projectiles dum-dum de nos adversaires déchirent les poitrines de nos braves soldats. Ceux qui s'allient aux Russes et aux Serbes, et qui ne craignent pas d'exciter des Mongols et des nègres contre la race blanche, offrant ainsi au monde civilisé le spectacle le plus honteux qu'on puisse imaginer, sont certainement les derniers qui aient le droit de prétendre au rôle de défenseurs de la civilisation européenne.

6) *Il n'est pas vrai que la lutte contre ce qu'on appelle notre militarisme ne soit pas dirigée contre notre culture, comme le prétendent nos hypocrites ennemis. Sans notre militarisme, notre civilisation serait anéantie depuis longtemps. C'est pour la protéger que ce militarisme est né dans notre pays, exposé comme nul autre à des invasions qui se sont renouvelées de siècle en siècle. L'armée allemande et le peuple allemand ne font qu'un. C'est dans ce sentiment d'union que fraternisent aujourd'hui 70 millions d'habitants sans distinction de culture, de classe ni de parti.*

---

6) Il n'est pas vrai que le combat livré contre notre prétendu militarisme ne soit pas un combat livré contre notre civilisation, comme nos ennemis le prétendent hypocritement. Sans le militarisme allemand, la civilisation allemande aurait disparu de la terre depuis longtemps. C'est pour la protéger que, né d'elle, le militarisme s'est formé dans un pays qui fut pendant des siècles livré comme pas un autre au brigandage des invasions. L'armée

56   L'APPEL DES INTELLECTUELS.

Wir koennen die vergifteten Waffen der Luege unseren Feinden nicht entwinden. Wir koennen nur in alle Welt hinausrufen, dass sie falsches Zeugnis ablegen wider uns. Euch, die Ihr uns kennt, die Ihr bisher gemeinsam mit uns den hoechsten Besitz der Menschheit gehuetet habt, Euch rufen wir zu:

Glaubt uns! Glaubt, dass wir diesen Kampf zu Ende kaempfen werden als ein Kulturvolk, dem das Vermaechtnis eines Goethe, eines Beethoven, eines Kant ebenso heilig ist wie sein Herd und seine Scholle.

Dafuer stehen wir Euch ein mit unserm Namen und mit unserer Ehre!

allemande et la nation allemande ne font qu'un. Ce sentiment fait aujourd'hui de 70 millions d'Allemands autant de frères, sans distinction d'éducation, de classe et de parti.

Nous ne pouvons arracher des mains de nos ennemis l'arme empoisonnée du mensonge; mais nous pouvons crier au monde qu'ils commettent contre nous le crime de faux témoignage. À vous qui nous connaissez, à vous qui jusqu'ici, en commun avec

L'APPEL DES INTELLECTUELS.   57

Le mensonge est l'arme empoisonnée que nous ne pouvons arracher des mains de nos ennemis. Nous ne pouvons que déclarer à haute voix devant le monde entier, qu'ils rendent faux témoignage contre nous. A vous qui nous connaissez et qui avez été, comme nous, les gardiens des biens les plus précieux de l'humanité, nous crions:

Croyez-nous! Croyez que dans cette lutte nous irons jusqu'au bout en peuple civilisé, en peuple auquel l'héritage d'un Goethe, d'un Beethoven et d'un Kant est aussi sacré que son sol et son foyer. Nous vous en répondons sur notre nom et sur notre honneur.

nous, avez exaucé la protection des plus nobles biens de l'humanité, nous vous crions:
Croyez-nous! Croyez que dans ce combat nous batterons jusqu'au bout comme un peuple civilisé, à qui l'héritage d'un Goethe, d'un Beethoven et d'un Kant n'est pas moins sacré que son foyer et son sol. Nous en répondons devant vous sur notre nom et sur notre honneur.

LISTE

DES SIGNATAIRES DE L'APPEL

1. S. Exc. Adolphe de Baeyer, membre de l'Académie des sciences de Berlin, professeur de chimie à l'Université de Munich.
2. Pierre Behrens, professeur, à Berlin.
3. S. Exc. Emile de Behring, professeur d'hygiène et d'histoire de la médecine à l'Université de Marbourg.
4. S. Exc. Guillaume de Bode, directeur général des Musées royaux de Berlin.
5. Alois Brandl, professeur de philologie anglaise à l'Université de Berlin, président de la société Shakespeare.
6. Lujo Brentano, professeur d'économie nationale à l'Université de Munich.
7. Justus Brinkmann, professeur, directeur du musée de Hambourg.
8. Johannes Conrad, professeur d'économie nationale à l'Université de Halle.
9. François de Defregger, peintre, à Munich.
10. Richard Dehmel, poète, à Hambourg.

L'APPEL DES INTELLECTUELS.   59

11. Adolphe Deissmann, professeur d'exégèse (protestante) à l'Université de Berlin.
12. Frédéric-Guillaume Doerpfeld, professeur, ancien secrétaire de l'Institut archéologique d'Athènes, à Berlin.
13. Frédéric de Duhn, professeur d'archéologie à l'Université de Heidelberg.
14. S. Exc. Paul Ehrlich, professeur, directeur de l'Institat de thérapie expérimentale à Francfort-sur-le-Mein.
15. Albert Ehrhard, professeur d'histoire ecclésiastique (catholique) à l'Université de Strasbourg.
16. S. Exc. Charles Engler, professeur de chimie au Fredericiana de Carlsruhe.
17. Gérard Esser, professeur de dogme (catholique) à l'Université de Bonn.
18. Rodolphe Eucken, professeur de philosophie à l'Université d'Iéns.
19. Herbert Eulenberg, écrivain et auteur dramatique, à Kaiserswerth.
20. Henri Finke, professeur d'histoire à l'Université de Fribourg.
21. S. Exc. Emile Fischer, professeur de chimie à l'Université de Berlin.
22. Guillaume Foerster, professeur d'astronomie à l'Université de Berlin.
23. Louis Fulda, écrivain, à Berlin.
24. Edouard de Gebhardt, peintre, à Dusseldorf.
25. Jean-Jacques de Groot, professeur de sinologie à l'Université de Berlin.
26. Fritz Haber, professeur de chimie à l'Université de Berlin.

60   L'APPEL DES INTELLECTUELS.

27. S. Exc. Ernest Haeckel, *professeur de zoologie à l'Université d'Iéna.*
28. Max Halbe, *auteur dramatique, à Munich.*
29. Gustave-Adolphe de Harnack, *directeur général de la Bibliothèque royale, professeur d'histoire ecclésiastique (protestante) à l'Université de Berlin.*
30. Gérard Hauptmann, *poète, à Agnetendorf.*
31. Charles Hauptmann, *écrivain, Schreiberhau.*
32. Gustave Hellmann, *professeur de météorologie à l'Université de Berlin.*
33. Guillaume Herrmann, *professeur de théologie (protestante) à l'Université de Marbourg.*
34. André Heusler, *savant en philologie norvégienne, à Berlin.*
35. Adolphe de Hildebrand, *sculpteur, à Munich.*
36. Louis Hoffmann, *architecte municipal, à Berlin.*
37. Engelbert Humperdinck, *compositeur, à Munich.*
38. Léopold comte Kalckreuth, *peintre, président de la Ligue allemande des Artistes, à Eddelsen.*
39. Arthur Kampf, *peintre, à Berlin.*
40. Fritz-Auguste de Kaulbach, *peintre, à Munich.*
41. Théodore Kipp, *professeur de droit civil à l'Université de Berlin.*
42. Félix Klein, *professeur de mathématiques à l'Université de Goettingue.*
43. Max Klinger, *peintre, à Leipsick.*
44. Alois Knoepfler, *professeur d'histoire ecclésiastique (catholique) à l'Université de Munich.*
45. Antoine Koch, *professeur de théologie (catholique) à l'Université de Tubingue.*
46. S. Exc. Paul Laband, *professeur de droit à l'Université de Strasbourg.*

L'APPEL DES INTELLECTUELS.   61

47. Charles Lamprecht, *professeur d'histoire à l'Université de Leipsick.*
48. Philippe Lenard, *professeur de physique à l'Université de Heidelberg.*
49. Maximilien Lenz, *professeur d'histoire, à Hambourg.*
50. Max Liebermann, *peintre, à Berlin.*
51. François de Lisst, *professeur de droit criminel à l'Université de Berlin.*
52. Louis Manzel, *sculpteur, président de l'Académie des Arts de Berlin.*
53. Joseph Mausbach, *professeur de morale et d'apologétique (catholique) à l'Académie de Munster.*
54. Georges de Mayr, *professeur d'économie nationale à l'Université de Munich.*
55. Sébastien Merkle, *professeur d'histoire ecclésiastique (catholique) à l'Université de Wurtsbourg.*
56. Edouard Meyer, *professeur d'histoire ancienne à l'Université de Berlin.*
57. Henri Morf, *professeur de philologie romane à l'Université de Berlin.*
58. Frédéric Naumann, *écrivain, à Berlin.*
59. Albert Neisser, *professeur de médecine à l'Université de Breslau.*
60. Walter Nernst, *professeur de physique à l'Université de Berlin.*
61. Wolfgang Ostwald, *professeur de chimie à l'Université de Leipsick.*
62. Bruno Paul, *directeur de l'École d'art industriel de Berlin.*
63. Max Planck, *secrétaire perpétuel de l'Académie des Sciences de Berlin, recteur de l'Université, professeur de physique.*

62   L'APPEL DES INTELLECTUELS.

64. Albert Plohn, *professeur de médecine, à Berlin.*
65. Georges Reicke, *directeur du musée de la Marche, à Berlin.*
66. Max Reinhardt, *professeur, directeur du Théâtre Allemand, à Berlin.*
67. Alois Riehl, *professeur de philosophie à l'Université de Berlin.*
68. Charles Robert, *professeur d'archéologie classique à l'Université de Halle.*
69. S. Exc. Guillaume Roentgen, *professeur de physique à l'Université de Berlin.*
70. Max Rubner, *professeur de physiologie à l'Université de Berlin.*
71. Fritz Schaper, *sculpteur, à Berlin.*
72. Adolphe de Schlatter, *professeur d'exégèse (protestante) à l'Université de Tubingue.*
73. Joseph Schmidlin, *professeur d'histoire ecclésiastique (catholique) à l'Académie de Munster.*
74. S. Exc. Gustave de Schmoller, *professeur de science politique à l'Université de Berlin.*
75. Reinold Seeberg, *professeur de théologie (protestante) à l'Université de Berlin.*
76. Martin Spahn, *professeur d'histoire moderne à l'Université de Strasbourg.*
77. François de Stuck, *peintre, à Munich.*
78. Herman Sudermann, *écrivain, à Berlin.*
79. Hans Thoma, *peintre, directeur du musée de Carlsruhe.*
80. Guillaume Trubner, *peintre, à Carlsruhe.*
81. Charles Vollmoeller, *érudit, à Stuttgart.*
82. Richard Voss, *bibliothécaire de la Wartbourg, Berchtesgaden.*

L'APPEL DES INTELLECTUELS.   63

83. Charles Vossler, *professeur de philologie romane à l'Université de Munich.*
84. Siegfried Wagner, *compositeur, à Bayreuth.*
85. Guillaume Waldeyer, *professeur d'anatomie, à Berlin.*
86. Auguste de Wassermann, *professeur de médecine à l'Université de Berlin.*
87. Félix de Weingartner.
88. Théodore Wiegand, *directeur du musée des antiques de Berlin.*
89. Guillaume Wien, *professeur de physique à l'Université de Wurtsbourg.*
90. S. Exc. Ulrich de Wilamowitz-Moellendorf, *professeur de philologie à l'Université de Berlin, membre directeur de l'Institut archéologique d'Athènes.*
91. Richard Willstaetter, *professeur de chimie à l'Université de Berlin.*
92. Guillaume Windelband, *professeur de philosophie à l'Université de Heidelberg.*
93. S. Exc. Guillaume Wundt, *professeur de philosophie à l'Université de Leipsick.*

Annex 4: Paul Clemen: Offener Brief an Albert Bartholomé, KÖLNISCHE ZEITUNG, 17. Mai 1915
als Antwort auf dessen Offenen Brief in LE TEMPS, 21. April 1915

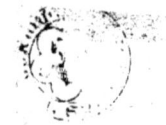

Cathédrale de Reims
annexes.

Suite au rapport du professeur Clemen
sur la Protection des Monuments d'Art
à la guerre.--

Kölnische Zeitung du lundi 17 mai 1915
Mittags Ausgabe   n° 496.

Réponse du Professeur Clemen
à la lettre ouverte du sculpteur Bartholomé
parue dans le numéro du journal "le Temps"
du 21 avril 1915.

a) texte allemand
b) Deux traductions françaises, dont une manuscrite

Zahlreiche deutschsprachige Zeitungsartikel aus der Zeit des Ersten Weltkrieges sind in den Archives des Beaux-Arts / Médiathèque du Patrimoine et de l'Architecture in Charenton bei Paris verwahrt (cote 80-3). Sie legen Zeugnis ab von der sorgfältigen Beobachtung der Publizistik in deutschen Zeitungen durch den französischen Service des Monuments Historiques. Eine Reihe von Artikeln Paul Clemens wurde ins Französische übersetzt.

Paul Léon versus Paul Clemen – zwei Denkmalpfleger in feindlichen Lagern

Annex 4a: Offener Brief des Bildhauers Albert Bartholomé an Paul Clemen auf einen Bericht im Berliner Lokalanzeiger vom 7. Januar 1915 - LE TEMPS, 21. April 1915

DIE KUNSTDENKMALE UND DIE INVASION

(Übersetzung E. Hädler)

M. Bartholomé, Autor und Künstler des « Monuments aux Morts », in Kenntnis eines Berichts von Prof. Paul Clemen an den Kaiser, hat diesem die nachfolgende Antwort verfasst, die wir uns hier abzudrucken beehren:

An den Herrn Professor Paul Clemen, 119A Coblentzer Straße, Bonn

KRIEGSDENKMALPFLEGE 1914 – 1918 Emil Hädler, Aufsatz für DIE DENKMALPFLEGE 1/2014 – extended version
Paul Léon versus Paul Clemen – zwei Denkmalpfleger in feindlichen Lagern

Monsieur,

als ich in der Presse vernahm, dass Sie von der deutschen Regierung mit einer Untersuchung über die beschädigten oder zerstörten Denkmale in Belgien und Nordfrankreich beauftragt wurden, überkam mich eine große Hoffnung.

Ich wusste, dass Sie nicht jenes wunderliche Manifest der deutschen Intellektuellen unterzeichnet haben, so voller Behauptungen, ohne jegliche Beweise; ich erinnerte mich an unsere Gespräche, an Ihre Briefe, die so voller Leidenschaft waren für die Werke der Kunst und für die französische Kunst im Besonderen. Ich kannte den Titel Ihres Berichts *Der Schutz der Kunstdenkmäler im Krieg*. Für mich bestand kein Zweifel, dass Sie Ihre Stimme erheben würden, dass man Sie hören werde, und dass inmitten all dieser Massaker wenigsten das unnötige und schandbare Massaker an den Kunstwerken ein Ende nehmen werde.

Ich habe schließlich Ihren Bericht zu lesen bekommen und bereits bei den ersten Zeilen war ich zutiefst enttäuscht. Ihre einzige Sorge war es, eine Diskussion über das Kriegsrecht zu eröffnen, um festzustellen, dass jede verteidigte Stadt mit der Vernichtung ihrer Kulturdenkmale rechnen müsse; dabei postulierten Sie:

„Als erkennbar wurde, dass die Städte in der Umgebung von Paris verteidigt würden, hätten die Kunstfreunde in der ganzen Welt ihre Stimme zu lautem Protest erheben müssen."

Es gibt Länder, Monsieur, in denen jede Stadt außergewöhnliche Kunstwerke besitzt. Sie wissen das besser als jeder andere durch Ihre zahlreichen Reisen in Frankreich und Sie geben zu vermelden, dass unsere Städte die deutschen Armeen mit offenen Toren hätten empfangen sollen. Abgesehen von dieser militärischen Frage werfen Sie die Frage der Religion auf:

„Die katholische Presse in Deutschland hat mit gutem Grund dagegen protestiert, dass sich mit einem Male die Republik als fürsorgliche Beschützerin der französischen Kirche gebärdet."

Akzeptiert demnach Ihre katholische Presse mit Freuden, dass Ihr so religiöses Kaiserreich systematisch die Gotteshäuser zerstört? Schließlich kommen Sie auf die Kunst zu sprechen. Da allerdings muss man Sie im vollen Wortlaut zitieren:

„Darf der Respekt vor dem Toten tatsächlich die Bemühung für das Leben überwiegen? Vielleicht befindet sich in unseren Schützengräben hier ein junger Goethe, dort ein junger Beethoven, da ein junger Helmholtz, hier ein junger Architekt, der in der Lage wäre, ein ebenso großartiges Werk zu schaffen, wie die eine oder andere Kathedrale."

In Erwartung eben jenes jungen Architekten, den ich Deutschland wirklich wünsche, findet sich in den Gräben vielleicht ein junger Heinrich Heine oder ein junger Friedrich Nietzsche, die ihren Einschätzungen und Urteilen aus der Zeit vor 1914 ein paar weitere hinzufügen würden. Und ausgerechnet Sie, Monsieur, erklären die Kunstwerke zu toten Werken! Alles, was lebt, das spendet Leben, das weckt die großen Gefühle, die großen Gedanken, das lässt die Menschen zu einem höheren Ideal emporwachsen.

Sie haben tapfere und brave Soldaten, Frankreich erkennt das sehr wohl an. Wie viele Männer haben Sie aber, die sich messen könnten mit der Nike von Samothrake, mit dem Parthenon, mit der Kathedrale von Reims? Hätte man nicht andere Urteile erwarten dürfen von einem Mann, der bis zum heutigen Tag ausschließlich für die Kunst zu leben schien? Aber das ist auch schon alles! Wenigstens möchte ich noch diesen Gedanken zitieren:

Paul Léon versus Paul Clemen – zwei Denkmalpfleger in feindlichen Lagern

„Die Restaurierungen sind nicht schwierig und die Schäden lassen sich mit begrenzten Mitteln beheben. Selbst unter den Zwängen des Krieges und für eine kurze Zeit befindet sich ein so außergewöhnliches künstlerisches Erbe in deutschen Händen in Sicherheit. Deutschland ist das klassische Land der Erhaltung der Baudenkmäler"

Da wird es nun wirklich beunruhigend: Es erscheint Ihnen als ein Kinderspiel, die ruinierten Denkmäler zu restaurieren, die Bauzier und Statuen wieder herzustellen, wo doch niemand dazu in der Lage ist, einer griechischen Plastik oder einem mittelalterlichen Heiligen eine fehlende Nase zu ersetzen.

Sie wissen das genauso gut, wie ich! War es nicht in Berlin, wo man die Reste des Pergamonaltars so präsentierte, wie sie sind , glücklicherweise ohne eine ergänzende Restaurierung?

Wenn Sie sich mit einer Untersuchung der Ruinen befassen, dann sollten Sie sich etwas zurückhalten, da Sie doch die Monumente gar nicht genau betrachten konnten. Ich lasse Ihnen dafür eine sorgfältige Arbeit zukommen, ausgefertigt von M. Saint-Georges de Bouhélier auf der Grundlage von präzisen Dokumenten, beglaubigt von Menschen, die vor Ort waren und alles genau gesehen haben. Die haben nicht wie Sie den Zustand der Kathedrale von Soissons aus einer Entfernung von 2.400m begutachtet, bzw. der Kathedrale von Reims aus 6 km Entfernung. Sie selbst haben uns diese entlarvenden Entfernungsangaben mitgeteilt.

Bedauernswerte Kathedrale von Reims! Es sind nicht die Granaten, die sie massakriert haben, sagen Sie, sondern nur der Brand jenes schweren Gerüstes, das wir zu verantworten haben und dessen Abbau wir hätten veranlassen müssen, *„ganz abgesehen von jenem kommandierenden General vor Reims, einem ausgewiesenen Kenner der Kunstgeschichte"*. Es wäre demnach an Ihnen, Herr General, ein weiteres Kapitel zu schreiben. Über Belgien: *„Nirgendwo auf belgischem Boden wurden Architekturdenkmäler zerstört"*.

In welcher Entfernung waren Sie denn in Löwen, Monsieur Clemen, als Sie die Ruinen untersucht haben? Lesen Sie doch bitte die Studien von M. Saint-Georges de Bouhélier, schauen Sie sich die Photographien an, die die Wahrheit nicht verschleiern.

Die Wahrheit! Es gibt eine, die man äußert, um jenen zu gefallen, die gerade das Sagen haben, um den aktuellen Notwendigkeiten zu genügen. Es gibt eine andere, die wirkliche, ewige Wahrheit. Manchmal braucht man etwas mehr Mut, um diese Wahrheit auszusprechen. Aber sie ist es, die letztlich überleben wird und die die Zukunft als solche anerkennt.

Ich wäre undankbar, hier enden zu wollen ohne ein letztes Zitat aus Ihrer Schrift: *„An unserer Front in Flandern, an der Aisne und in Lothringen ist es nun an den Franzosen und Engländern, die in Umkehrung der Verhältnisse gezwungen sind, ihre eigenen Denkmäler und die ihrer Verbündeten zu zerstören"*

Die Umkehrung der Verhältnisse bedeutet demnach, dass sich die deutsche Armee überall auf dem Rückzug befindet und die Alliierten auf dem Vormarsch sind! Ihre Regierung und ihre Landsleute werden Ihnen für diese Feststellung möglicherweise nicht sehr dankbar sein.

A.   Bartholomé

Annex 4b: Paul Clemen an den Bildhauer Albert Bartholomé,

KÖLNISCHE ZEITUNG, 17. Mai 1015

Offener Brief an Albert Bartholomé.[*]

Sehr spät und im Felde erhalte ich den offenen Brief, den Sie an mich gerichtet haben. Es sind als Antwort auf meine Berichte andere leidenschaftliche Stimmen aus dem französischen Blätterwald an mein Ohr gedrungen, die sich nicht vor entstellenden Fälschungen und selbst vor Beschimpfungen scheuten, und auf die ich keine Antwort habe, oder nur die: Ich ärgere mich möglichst wenig, ich ärgere lieber andere. Wenn Ihr Brief auch voll ist von Mißverständnissen, so ist es der würdige und ruhige Ton, in dem Sie schreiben, der mich zu einer Erwiderung zwingt. Sie suchen einen Weg, sich die Entfremdung der Geister zu erklären, die sich einst so gut verstanden — und ich fühle und verstehe die Sorgen, die Ihr edles Herz erzittern machen. Brauche ich Ihnen wirklich zu sagen, daß die Kunstfreunde der ganzen Welt trauern, wenn eines der stolzen Palladien einer großen Vergangenheit zerfällt oder Schaden leidet? Die Hallen in dem flandrischen Ypern, das so lange mit dem alten deutschen Reich verbunden war, durften wir als ein künstlerisches Erbe unserer eigenen Nation ansehen, und wir empfinden es mit Schmerz, wie dieser Riesenbau immer mehr mit der Stadt in Trümmer sinkt. Ich habe vor wenigen Tagen von unserm vordersten Artilleriebeobachtungsstand, der sehr, sehr nahe vor Ypern liegt (ich sage nicht wo) in die Stadt hineingeschaut. Noch steht die Beffroi, stehen die Eckthürmchen der Front, steht der Turm der Kathedrale — wie lange noch? Wir möchten sie schonen — ob wir es können? Und die Skulpturen vom Reims sind uns eine der größten Manifestationen des mittelalterlichen Genius — mit mehr Trauer erfüllt es uns, daß der Schmuck des einen Seitenportals bei dem Brand des Gerüstes an dem Nordturm der Kathedrale so schwer leiden mußte. Sollten die deutschen Kunsthistoriker, die mit den französischen Gelehrten und neben diesen den Ruhm des königlichen Baues des Jean d'Orbais verkündet haben, nicht auch den ersten Grund haben, mit Ihnen bei jedem neuen uns aufgezwungenen Bombardement zu zittern? Und glauben Sie nicht, daß wir laut und vernehmlich für Schonung plädiert haben, wo es am Platze war und das Plädoyer nußen konnte? Aber die stille und aufopfernde Arbeit des deutschen Gelehrten hinter der Front und in der Front hat bei Ihren Landsleuten geringes Verständnis gefunden. Wir haben vielleicht manches verhindert, nicht weniges gut gemacht, vieles gerettet, — und wir haben es wirklich nicht um des Beifalls von französischer Seite willen getan, sondern um der Sache und um unseres reinen Gewissens willen.

Sie schreiben, daß Sie von mir eine Verurteilung der deutschen Kriegführung erwartet haben. Glaubten Sie das wirklich, konnten Sie das glauben? Sie klagen die deutsche Kriegführung an — und Sie meinen den Krieg; den Krieg sollten Sie anklagen. Der Engländer Brailsford hat einmal in diesen Monaten ausgeführt, daß alles, was an übertriebenen Meldungen über Zerstörungen berichtet wurde, nicht so sehr für die angebliche ungewöhnliche Wildheit der Deutschen, als eben für die Grausamkeit des Krieges spräche. Dieses Krieges, den Sie nicht kennen. Diesen Krieg der Revanche hat Ihre Regierung, vielleicht nicht die fran-

[*] Der französische Bildhauer Bartholomé hatte im Temps vom 21. April ein offenes Schreiben an Herrn Geheimrat Prof. Dr. Clemen gerichtet, das sich mit dem mehrfach erwähnten Bericht Clemens über die Kunstdenkmäler in den von den Deutschen besetzten Teilen Belgiens und Frankreichs beschäftigt.

zösische Nation, mit der Hand am Degengriff seit 44 Jahren erwartet, vorbereitet, gesucht. Sie hat sich, um ihres Hasses willen, mit der ganzen Welt gegen uns verschworen, das unnatürlichste Bündnis eingegangen, das wie eine Sünde gegen den Heiligen Geist erscheint: das stolze, freiheitliche Frankreich mit dem despotischen Zarismus; dieser Haß hat sie dem fühlen Rechner England in die Arme getrieben, der Ihnen die ungesühnte Schmach von Faschoda angetan hat, der sich jetzt im Norden Frankreichs ein zweites Gibraltar schafft. Wenn jetzt die Zündschnur zu der von Ihrer Regierung angelegten Mine rascher zu Ende gebrannt ist, als sie selbst gehofft —: wundern Sie sich, daß die Welt in Flammen steht?

Kein „Recht" des Krieges auf die Zerstörung suche ich zu verteidigen, wie Sie schreiben. Meine Berichte vom November und Dezember wandten sich gegen die Erklärung Ihrer Regierung, daß die Deutschen „in Verletzung der Haager Konvention, ohne sich auch nur auf den Schein militärischer Notwendigkeit berufen zu können, einzig aus Zerstörungslust, die Kathedrale einer systematischen Beschießung unterzogen hätten". Sie wissen heute so gut wie ich, daß Ihr Generalissimus schlecht unterrichtet war, als er am 23. September erklärte, daß jemals ein Beobachtungsposten in der Kathedrale Aufstellung gefunden habe. Ihre Blätter und Zeitschriften selbst haben zugestanden, daß sogar ein elektrischer Scheinwerfer auf dem Nordturm aufgebaut war, — und daß Ihre Batterien in unmittelbarer Nähe der Kathedrale und mit dieser als Kugelfang hinter sich, feuerten, das haben wir in unsern Stellungen mit nur zu schmerzlicher Deutlichkeit spüren können. Nein, Ihr Großer Generalstab war ebenso schlecht unterrichtet wie Ihr Minister des Äußern, als er am 21. September behauptete, die Kathedrale wäre nur mehr ein Trümmerhaufen. Es sind französische Stimmen, die gefragt haben, warum bei dem verhängnisvollen Brand des Gerüstes nicht die Feuerwehr, nicht die Pioniere eingegriffen, um den Feuerherd zu zerstören. Sie ist der „Cri de Paris", der gegen die städtischen Behörden von Reims das heftigste Anklagen erhebt, warum die nicht die Portale durch Umbauten und Sandsäcke gegen jede Beschädigung geschützt hätten — so wie es jetzt, sehr spät, geschehen ist. In St. Mihiel, das unsere Truppen besetzt halten, ist die wunderbare Grablegung des Ligier Richier, die eine so ergreifende künstlerische Sprache redet wie nur Ihr Monument aux Morts, auf meine Anregung durch einen solchen Schutzbau gesichert worden — gegen die französischen Granaten, die die Skulpturen schon beschädigt hatten.

Aber ich will diese Dinge nicht wiederholen, sie machen Ihnen das Herz schwer und mir auch. Unsere Truppen sind es auf französischem Boden, so sind es die französischen Orte und Denkmäler, die unter dem Krieg zu leiden haben, und die Franzosen sind es, die Klage führen — wäre es umgekehrt gekommen, so wären wir die Leidenden und wir die Ankläger. Was wissen Sie von den Hekatomben kostbaren Blutes, die um diese Stätten vergossen sind? In Frankreich ist einmal vor Jahren eine müßige Umfrage gehalten worden: wenn in einem brennenden Hause ein Gemälde von Raffael eine im Mensch gefährdet wäre, was würden Sie zuerst herausтragen? Ich habe gelesen, daß damals Albert Bartholomé in seiner milden Menschlichkeit auf diese schwere Frage keine Antwort gefunden hat.

Nicht daß die Städte zwischen Soissons und Paris verteidigt werden, wie Sie schreiben, sondern daß sie befestigt werden, zu militärischen Stützpunkten gemacht werden sollten, war das Bedrohliche an dem Plan Ihres Generalstabes. Dreimal recht

KRIEGSDENKMALPFLEGE 1914 – 1918 Emil Hädler, Aufsatz für DIE DENKMALPFLEGE 1/2014 – extended version
Paul Léon versus Paul Clemen – zwei Denkmalpfleger in feindlichen Lagern

Annex 4b: Paul Clemen an den Bildhauer Albert Bartholomé, 17.05.1915, Kölnische Zeitung

Kopie des Zeitungsausschnitts im Nachlass Paul Léon, MAP 80-3-11, mit französischer Übersetzung

haben Sie, wenn Sie fagen, daß in dieſer Gegend faſt jede Stadt Ihre Kunſtſchätze birgt. Schon vor Jahren habe ich an der Hand der ausgezeichneten Arbeiten von Lefèvre-Pontalis dieſes Gebiet ſtudiert, und ich kenne und liebe die köſtlichen und ſeinen frühen Kirchenbauten (von denen ſo viele in dieſem letzten Jahrzehnt durch Ihre Regierung vernachläſſigt worden ſind) —, aber wie denken Sie ſich, daß in einer ſolchen Gegend überhaupt Krieg geführt werden kann? Die ſicherſte Form, dieſe Monumente preiszugeben, iſt jedenfalls die, ſie zu Stützpunkten der Befeſtigungslinie zu machen. Es ſind leider unmögliche Dinge, die Sie verlangen.

Und haben die Franzoſen und Ihre Verbündeten, die Engländer und Belgier, nicht auch auf franzöſiſchem und belgiſchem Boden zerſtören müſſen, wo es die militäriſchen Operationen mit ſich brachten? Franzöſiſche Granaten haben die entzückende Kirche in Roye in Trümmer geſchoſſen, eine der erleſenſten Schöpfungen der feinſten Spätgotik in Ihrem Lande, und wieviele Kirchen und Schlöſſer ſind bei dem Hin- und Herwogen des Kampfes an der langen Schlachtfront von Ihnen ſelbſt vernichtet worden? Liegt nicht eine erſchütternde Tragik darin, daß der König der Belgier, der ſein unglückliches Land liebt, ſelbſt helfen mußte die ganze Stadt Dixmuiden in ein Trümmermeer zu verwandeln? Die große prachtvolle St. Nicolas-Kirche enthielt den ſchönſten und reichſten unter den Lettnerbauten Flanderns. Dieſes Meiſterſtück des Taillebert ſtellte für die belgiſche Plaſtik des 16. Jahrhunderts ebenſo die Höhe dar wie die Skulpturen von Reims für die franzöſiſche Plaſtik des 13. Jahrhunderts. Dieſes Wunderwerk iſt durch Ihre Verbündeten, die Belgier und Engländer, geopfert worden: ich fand vor einer Woche nur noch einen wüſten Haufen kleiner Steinbrocken dort, wo das von mir ſo bewunderte Werk ſich quer durch die Kirche geſpannt hatte. Und Ihre franzöſiſchen Granaten fallen ſeit Monaten in Noyon ein. Die Front der Kathedrale dort wies einſt einen dem Reimſer Dom gleichkommenden Figurenſchmuck auf, bis Ihre Landsleute dieſe Herrlichkeit in der großen Revolution zerſtörten. Wie wird es ſein, wenn ein Geſchoß auf die Kathedrale fällt? Ich hoffe, dieſe Trauer bleibt uns und Ihnen erſpart.

Sie ſprechen von Belgien, und hier muß ich Sie korrigieren. St. Peter in Löwen iſt wirklich erhalten bis auf das abgebrannte Dach und den Dachreiter; das Roldach iſt unter meinen Augen als ein ſehr ſolider Schutz entſtanden. Welche entſtellten und falſchen Quellen lagen Ihnen hier vor? Vielleicht haben Sie eine Photographie der Weſtfront oder des ſüdlichen Querſchiffes geſehen: — die feilliche Vorhalle iſt im 15. Jahrhundert unvollendet ſtehen geblieben — und der Südturm der Front fehlt ſchon ſeit 1612; ſeitdem ſteht die Ruine da: Nein, das dürfen Sie den böſen Deutſchen wirklich nicht auf das Schuldkonto ſetzen.

Meine Mitteilungen über die Möglichkeit der Wiederherſtellung betrafen in meinem erſten Bericht über die Verluſte in Belgien genannten Bauten. Ich muß ſehr darum erſuchen, dieſe nicht fälſchlich zu generaliſieren oder auf andere Denkmäler zu beziehen. Bei den Bauten in Mecheln, Löwen, Lier, Dinant handelt es ſich um Ausflicken, zum Teil um Erſatz des verbrannten Daches, um ganz einfache Arbeiten, und ich glaube das Recht beanſpruchen zu dürfen, mich hierüber als Sachverſtändiger zu äußern. Das Rathaus zu Arras freilich, das unſere Geſchoſſe zerſtören mußten, und Kirche und Rathaus zu Dixmuiden, die den Granaten Ihrer Freunde zum Opfer gefallen, ſind nicht mehr herzuſtellen das iſt für uns wie für Sie ein bitterer Schmerz. Aber wem fagen Sie, daß es theoretiſch eine künſtleriſche Unmöglichkeit iſt, eine

gotiſche Statue zu reſtaurieren? Ich könnte freilich erwidern, daß Viollet-le-Duc in Paris oder Boeswillwald in Laon faſt den ganzen Skulpturenſchmuck erneuert haben — und was man einmal in Reims tun wird, wer weiß es?

Sollen wir uns wirklich nur Bitterkeiten ſagen? Ihr Landsmann Romain Rolland hat in ſeinem Aufruf „Zwiſchen dem Ringen“ die Abwendung vom Haß gepredigt. Aber dieſe Predigt ſollte, ſcheint mir, zuerſt in Paris gehalten werden. Wenn Ihre Landsleute doch ſtens Verſtändnis hätten für das unvergleichlich ſchöne Stellung des Deutſchtums, das ſich ganz allein gegen die Verſchwörung der halben Welt hält! Nein, wir wollen nicht mit den gleichen Waffen antworten. Die Welt iſt überſchwemmt worden mit den lächerlichen Broſchüren über angebliche Greuel nach den veralteten Kliſchees, die zu der Legendenbildung eines jeden Krieges gehören, mit Dingen, an die ernſthaft keine Menſchen von Erziehung glauben, wenn ſie ſich nicht in einer Pſychoſe befinden. Unſere Regierung, der Berge von Berichten aus Belgien und Rußland vorliegen, hat es abgelehnt, mit gleicher Münze zu zahlen, weil es gegen die Würde und gegen den guten Geſchmack verſtößt. Gegen den guten Geſchmack, als deſſen Hüter einſt das alte Frankreich ſich ſelbſt verkündete. Unſere Aufgabe, die Aufgabe der Gelehrten und der Künſtler wird es einſt ſein, wieder aufzubauen zu ſuchen, was jetzt der Haß zerſtört hat — werden wir uns da bei friedlicher Arbeit wieder begegnen? Jetzt gilt es für uns, in dieſem Ringen oben zu bleiben und für den deutſchen Gedanken, den Sie vernichten und ausrotten wollen, ſeinen Platz in der Welt zu behaupten. Ein jeder von uns ſtreitet bis zum Letzten für ſein Land, und deswegen reden wir jetzt für einander eine fremde Sprache.

Es iſt ſchmerzlich für mich, Albert Bartholomé, Ihre alte Freundſchaft zu verlieren, aber ich will gern alle meine ausländiſchen Freunde aufgeben — ich zählte deren viele — und leichten Herzens den Haß und die Feindſchaft aller meiner franzöſiſchen Kollegen tragen, wenn ich helfen kann, Deutſchlands Sache auch nur um eines Haares Breite vorwärtszuführen.

Ihr immer aufrichtiger
Paul Clemen.

Kriegskalender 351. Blatt.
der Kölniſchen Zeitung.

WTB Großes Hauptquartier, 15. Mai. (Telegr.) Amtlich (Schluß aus Nr. 494.) Drei feindliche Angriffe gegen unſere Stellungen an der Straße Eſſen—Aliru wurden abgewieſen. Im Prieſterwalde ſetzten wir im Morgengrauen durch einen Vorſtoß über einen feindlichen Graben und machten hier 150 unverwundete Gefangene. — Öſtlicher Kriegsſchauplatz. Nach einem vorübergehenden kleinen Erfolge des Feindes, der und bei Schaulen koſtete, iſt der Vormarſch ſtarker ruſſiſcher Kräfte bei Schaulen zum Stehen gebracht worden. Feindliche Angriffe wurden unter Tubiſſa ſchlieterten. Der Gegner bei nunmehr auch in die Gegend ſüdlich des Riemen eiligſt Verſtärkungen herangeführt; Gefechtsberührung iſt eingetreten. Bei Auguſtow und Kalwarja wurden feindliche Angriffe abgeſchlagen — Südöſtlicher Kriegsſchauplatz. In dem Raume ſüdlich der untern Wilga bis zur Weichſel ſetzen die verbündeten Truppen den Kampf ſiegreich fort. Der Brückenkopf von Jaroslau am San wurde geſtern erſtürmt. Schulter an Schulter mit der öſterreichiſch-ungariſchen Armee, in jenem Verband ſie kämpfen, erreichten die Truppen, die wird ebenfalls die Verfolgung raſtlos fortgeſetzt; die verbündeten Truppen haben vielfach die Gebirgsausgänge gewonnen.

Oberſte Heeresleitung.

Annex 5: Projekt für ein Notdach auf der Kathedrale von Reims

REICDS
CAΓheDRALE

LES VOUTES,
AU CARRÉ DU TRANSEPT

Abb. Nachlass Léon, MAP 80-3-11 sowie 80-47-2

Seit 1916 bemühte sich Paul Léon als Chef der Commission des Monuments Historiques um den Aufbau eines Schutzdachs über den beschädigten Gewölben. Unter Nutzung diplomatischer Kanäle zum Vatikan wurde um einen lokalen Waffenstillstand mit dem deutschen Oberkommando verhandelt, damit das Notdach ohne Störung durch weiteren Beschuss hätte errichtet werden können. Der für die Kathedrale verantwortliche architecte en chef des Monuments Historiques André Deneux, dem in der Zwischenkriegszeit ein außergewöhnlicher Bohlenbinderdachstuhl aus Beton über der restaurierten Kathedrale zu verdanken ist, entwickelte eine ausführungsreife Notdachkonstruktion aus Beton. Der Kaiser persönlich äußerte sich befürwortend zu einem solchen örtlichen Waffenstillstand, der den strategischen Absichten des Oberkommandos beim Rückzug auf die Siegfriedstellung entgegen gekommen wäre. Letztlich verhinderte das französische Militär den Erfolg dieser Bemühungen, da im Frühjahr 1917 die Offensive des oberkommandierenden Generals Nivelle am Frontabschnitt der Aisne erfolgte und ein lokaler Waffenstillstand um Reims dieses Vorhaben behindert hätte. In der Folge des desaströsen Ausgangs dieser Offensive kam es zu Meutereien und Hinrichtungen im französischen Heer. Weitere Bemühungen um das Schutzdach waren angesichts der Verhärtung des Kriegsgeschehens aussichtslos. Die Kathedrale blieb bis zum Ende des Krieges schutzlos der Witterung und fortdauernder deutscher Bombardierung ausgesetzt - mit gesteigerter Wirkung während der Offensiven 1918. Eine umfangreiche Korrespondenz[54] hierzu in deutscher, italienischer und französischer Sprache findet sich im Nachlass Léon.

Documents diplomatiques relatifs

aux bombardements de

M. D. de Reims

(correspondance avec le Vatican - Documents allemands).

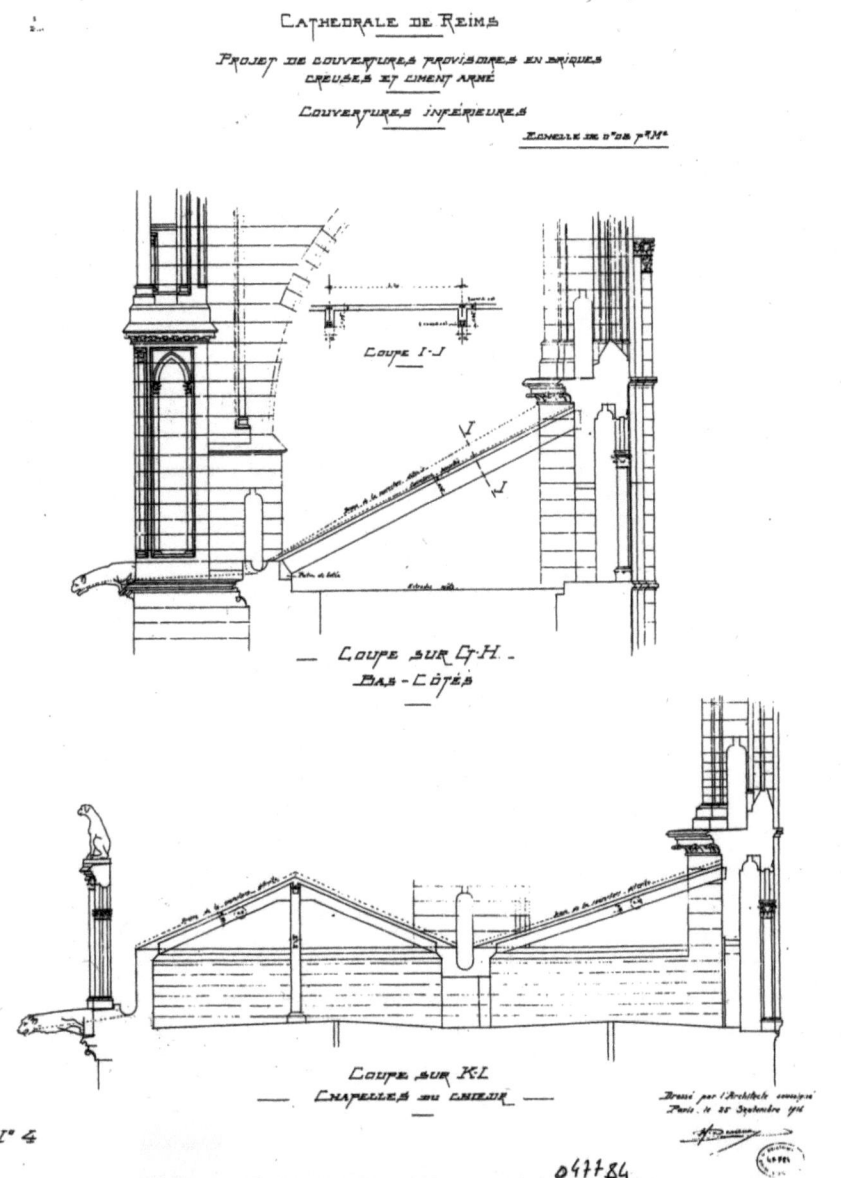

MAP, cote 047784, Konstruktionszeichnung für ein Notdach von André Deneux, 25 septembre 1916

Annex 6: Bergung der Glasfenster in der Kathedrale von Reims

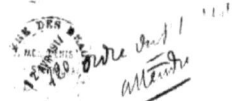

Ma Plue Fonds : 80/3/11 –
Section de Camouflage
Atelier du G.A.N.

Le Chef de Service HARDELAY
à Monsieur le Capitaine Commandant l'unité de Camouflage

J'ai l'honneur de vous rendre compte, à la suite d'une visite faite le 31 Mars à la Cathédrale de Reims, que j'ai étudié les moyens permettant de déposer les vitraux sans attirer l'attention de l'ennemi.

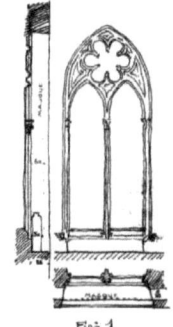

Les verrières du choeur (figure I) qu'il importe d'enlever sont situées à plus de 30 mètres au dessus du sol et il est démontré que la moindre apparition à cette hauteur est signalée immédiatement et provoque le bombardement de la Cathédrale et de la ville.

Le seul moyen possible pour y accéder consiste, comme je l'ai fait moi même en prenant toutes les précautions d'usage à monter par l'extérieur. Les panneaux de 63 centimètres sur 60 ctm. (figure 2) composant les verrières sont du reste démontables seulement par l'extérieur du monument et l'opération de démontage par elle même semble possible aux conditions suivantes.

Fig. 1

Etablissement d'un léger échafaudage d'échelles

n'ayant pas plus de 60 ctm. d'encombrement en avant de la verrière .

Pose contre cet échafaudage d'un masque camouflé reproduisant exactement la verrière elle même et qui serait encastré dans la baie ogivale.

Ces deux opérations seraient faites dans une nuit.

Entre ce masque et la verrière il serait possible d'effectuer de jour la dépose des panneaux .

Un petit passage de 50 centimètres qui existe dans les contre-forts permettrait de se glisser entre le masque et la verrière.

Ces travaux particulièrement délicats et dangereux en raison de la surveillance continuelle de l'ennemi, de l'établissement d'un échafaudage sur une petite corniche en mauvais état à 40 mètres de hauteur ne peuvent être entrepris qu'à la condition de ne poser qu'un masque par nuit. De plus il est indispensable de donner au masque le miroitement et la transparence d'un vrai vitrail conditions qui je pense seront obtenues en se servant de mica comme fond de camouflage.

Fig. 2

En raison cependant du mauvais état de certaines ogives il ne paraît pas possible (à un premier examen) de sauver toutes les verrières du choeur. L'établissement de l'échafaudage risquerait de faire écrouler l'encadrement de pierre

12. April 1917

Chef de Service Hardelay an den Kommandanten der Abteilung für Tarnung (Übersetzung E. Hädler)

Ich beehre mich, Ihnen Bericht zu erstatten nach einem Besuch der Kathedrale von Reims am 31. März. Dabei habe ich das Bauwerk auf die Möglichkeit hin untersucht, die Glasfenster auszubauen, ohne die Aufmerksamkeit des Feindes wecken.

Die Glasfenster der Chorpartie (fig.1) die auszubauen sind, befinden sich mehr als 30 Meter über dem Bodenniveau und es hat sich gezeigt, dass die geringste Auffälligkeit in dieser Höhe sofort bemerkt wird und den Beschuss der Kathedrale und der Stadt nach sich zieht. Die einzige Möglichkeit, sich dort Zugang zu verschaffen, besteht von außen unter allen gebotenen Vorsichtsmaßnahmen. Die Tafeln in der Größe von 63 x 60 cm, aus denen die Glasfenster zusammengesetzt sind, lassen sich nur von außen abnehmen und zwar in der wie folgt beschriebenen Weise.

Paul Léon versus Paul Clemen – zwei Denkmalpfleger in feindlichen Lagern

- *Aufbau eines leichten Gerüstes von maximal 60cm Tiefe, das das Fenster von vorne stabilisiert.*
- *Gegen dieses Gerüst ist eine Tarnmaskierung zu setzen, die genau das geometrische Bild des Fensters wiedergibt und in Öffnung des Spitzbogens verkeilt wird.*
- *Beide Operationen müssen nachts ausgeführt werden*
- *Eine kleinen Passage von 50cm zwischen den Strebepfeilern ermöglicht es, sich zwischen Tarnung und Fenster zu schieben.*

Diese besonders schwierigen und aufgrund der ständigen Beobachtung durch den Feind gefährlichen Arbeiten, der Einbau eines kleinen Gerüsts auf einem schmalen Vorsprung, obendrein in schlechtem Zustand und 40m über Grund können nur im Dunkel der Nacht ausgeführt werden. Es ist außerdem notwendig, der Tarnung die transparent-reflektierende Wirkung eines echten Glasfensters zu geben, die sich durch eine besondere Untergrundbehandlung (mica?) erzielen lässt. Wegen des schlechten Zustands einer Scheiben wird es (nach erster Prüfung) nicht möglich sein, alle Fenster des Chors zu retten. Der Einbau des Gerüstes riskiert den Zusammenbruch der steinernen Rahmung.
Gez. Hardelay

REIMS
CATHÉDRALE

SAUVETAGE DES VITRAUX, TRANSEPT SUD
NOV. 1917

Heute ziert die zentrale Chorkapelle der Kathedrale von Reims ein Glasfenster von Marc Chagall.

---

[1] Paul CLEMEN, Kriegsdenkmalpflege, in: Clemen, die Deutsche Kunst und die Denkmalpflege – ein Bekenntnis, S.89, Deutscher Kunstverlag Berlin, 1933

[2] Vgl. zu Paul Clemen: Udo MAINZER (Hg.), *Paul Clemen. Zur 125. Wiederkehr seines Geburtstags* (Jahrbuch der Rheinischen Denkmalpflege 35), Köln 1991

[3] Paul CLEMEN (Hrsg.), *Kunstschutz im Kriege*, Berichte über den Zustand der Kunstdenkmäler auf den verschiedenen Kriegsschauplätzen und über die deutschen und österreichischen Massnahmen zu ihrer Erhaltung, Rettung und Erforschung, in Verbindung mit Gerhard Bersu et al. , 2 Bde., Leipzig, Seeman, 19
Das Werk kam, aufwändig als akribischer Rechenschaftsbericht in hoher technischer Qualität gestaltet, pünktlich zu den Friedensverhandlungen in Versailles heraus - auf die alliierte Kommission gezielt auch in englischer und französischer Ausgabe

[4] Paul LÉON (keines seiner Werke liegt in deutscher Sprache vor)
- *Les Monuments historiques – Conservation, Restauration*, Henri Laurens, Paris 1917
- *La Guerre et l'Architecture - La Renaissance des Ruines, Maisons, Monuments,* Henri Laurens, Paris 1918
- *Du Palais Royal au Palais Bourbon – Souvenirs,* Albin Michel 1947 (Lebenserinnerung), sowie:
- *La Vie des Monuments Français - Déstruction, Restauration –* Picard, Paris 1951 (Hauptwerk)

[5] Paul Clemen, Denkmalpflege in Frankreich, Ernst & Sohn, Berlin 1898
darin würdigt P. Clemen die Qualität der denkmalpflegerischen Arbeit in Frankreich und die Systematik des Gesetzes von 1887. Von Paul Léon wird er u.a. deshalb 1918 als Kronzeuge gegen despektierliche Angriffe auf die französische Denkmalpflege in Anspruch genommen.
Außerdem: Wolfgang BRÖNNER, *Paul Clemen und die französische Denkmalpflege*, in: Udo MAINZER (Hg.), Paul Clemen, Köln 1991

[6] Christina KOTT, *Der deutsche "Kunstschutz" im ersten und zweiten Weltkrieg - ein Vergleich*
Pariser historische Studien, Bd.81, 2007

[7] Zentralinstitut für Kunstgeschichte, Internationale Fachtagung München 2010: *Deutscher Militärischer Kunstschutz 1943-1945*
Christian Fuhrmeister/Johannes Griebel/Stephan Klingen/Ralf Peters (Hrsg.), Kunsthistoriker im Krieg. Deutscher Militärischer Kunstschutz in Italien 1943 – 1945, Köln, Böhlau, 2012.

[8] Robert M. EDSEL, *Monuments Men – die Jagd nach Hitlers Raubkunst,* Heyne Taschenbuch 2013, amerikanische Ausgabe 2010 als Vorlage zum amerikanisch-deutschen Film mit George Clooney, Cate Blanchett, Bill Murray, Studio Babelsberg 2014

[9] Cay FRIEMUTH, *Die geraubte Kunst: der dramatische Wettlauf um die Rettung der Kulturschätze nach dem Zweiten Weltkrieg. Entführung, Bergung und Restitution europäischen Kulturgutes 1939-1948*, Braunschweig 1989

[10] Ernst-Rainer HÖNES, *Internationaler Denkmal-, Kulturgüter- und Welterbeschutz,* Schriftenreihe des Deutschen Nationalkomitees für den Denkmalschutz, Bd. 74, 2009

[11] Thomas GOEGE: *Kunstschutz und Propaganda im ersten Weltkrieg. Paul Clemen als Kunstschutzbeauftragter an der Westfront,* in: Udo MAINZER (Hg.), Paul Clemen, Köln 1991, S. 149-168

[12] Christina KOTT, *Préserver l'art de l'ennemi? Le Patrimoine artistique en Belgique et en France occupées, 1914 – 1918,* Dissertation 2002 EHESS Paris und FU Berlin, publiziert Éd. Scientifiques internationales, Bruxelles 2006 - weitere Aufsätze zum Thema: https://hu-berlin.academia.edu/ChristinaKott (Zugriff 12.04.2014)

[13] Herman STYNEN, Georges CHARLIER, An BEULLENS, *15/18 Mission Dhuicque, Het verwoeste gewest*, Brugge 1985
Ab Mai 1915 wurde vom belgischen Ministère des Sciences et des Arts aus dem französischen Exil der Architekt Eugène Duicque damit betraut, systematisch zerstörte Baudenkmale in dem sehr kleinen Teil des nicht besetzten Belgien zu inventarisieren, Bauaufnahmen durchzuführen und bewegliches Kunstgut aus der Gefahrenzone zu bringen. Das Unternehmen ist bisher wenig erforscht.

[14] Ausführlich hierzu: Christina Kott, *Préserver l'Art de l'Ennemi? Cit.*

[15] Otto GRAUTOFF (Hg), *Emile Male – Studien über die deutsche Kunst,* Leipzig, Klinkhardt & Biermann 1917, mit Beiträgen von Paul Clemen, Rudolf Kautzsch und anderen als Replik auf die Polemik von Emil MALE: *L´art allemand et l´art francais au moyen-âge,* Colin, Paris 1917, sowie: *Kunstverwaltungen in Frankreich und Deutschland im Urteil von A. Bartholomé, M. Barrès u.a.,* Drechselverlag Bern, 1915

[16] Richard HAMANN, *Photogrammetrische Aufnahmekampagne an der Kathedrale von Laon*, Dokumentation auf Veranlassung der Obersten Heeresleitung durch die preuß. Meßbildanstalt, 1918, sowie: *Das Land der Kathedralen,* Drechselverlag, Bern 1915 in: Otto Grautoff, *Kunstverwaltungen in Frankreich und Deutschland*, 1915

[17] Cornelius GURLITT, *Die Kathedrale von Reims. Wie die Franzosen für ihre Erhaltung sorgen*; in: BERLINER TAGEBLATT Nr. 607, 29.11.1914 sowie zahlreiche andere Aufsätzen zum Kunstschutz in der Tagespresse

---

[18] Paul CLEMEN und Cornelius GURLITT, *Die Klosterbauten der Cistercienser in Belgien*, Monographie im Auftrag des kaiserl. Deutschen Generalgouvernements in Belgien, Zirkel Verlag Berlin 1916

[19] Wolfgang SCHIVELBUSCH, *Die Bibliothek von Löwen. Eine Episode aus der Zeit der Weltkriege*; München/Wien 1988

[20] Yann HARLAUT, *La Cathédrale de Reims du 4 septembre 1914 au 10 juillet 1938 - Idéologies, controverses et pragmatisme*, Dissertation unter der Leitung von Marie-Claude Genet-Delacroix, Université de Reims 2006
http://ebureau.univ-reims.fr/slide/files/quotas/SCD/theses/exl-doc/GED00000349.pdf (Zugriff 12.04.2014)

[21] Louis DIMIER, *l'Appel des Intellectuels Allemands – textes officiels et traduction avec préface et commentaire* Nouvelle Librairie Nationale, Paris 1915

[22] OFFENER BRIEF des Bildhauers Albert BARTHOLOMÉ an Paul Clemen in „Le Temps" 28.04.1915 – Antwort von Paul Clemen an Albert Bartholomé am 17.05.1915 in der Kölnischen Zeitung und in der Flugschrift des DÜRERBUNDES Nr. 146 zur Schuldfrage in Reims – weitere Offene Briefe von Romain Rolland, Auguste Rodin und Stefan Zweig: „An die Freunde im Fremdland"

[23] Klaus H. KIEFER, Die Beschießung der Kathedrale von Reims, Bilddokumente und Legendenbildung – Eine Semiotik der Zerstörung, in: Kriegserlebnis und Legendenbildung, Das Bild des „modernen" Krieges in Literatur, Theater, Photographie und Film, Bd. I, Hg. Thomas F. SCHNEIDER, Universitätsverlag Rasch, Osnabrück, 1999

[24] Clemens Bericht ist veröffentlicht im Berliner Lokalanzeiger 7. Januar 1915 – weitere Zeitungsausschnitte mit Artikeln von Paul Clemen und anderen Autoren des Kunstschutzes wurden auf der französischen Seite akribisch gesammelt (MAP 80/3)

[25] Paul CLEMEN: *Völkerhass in der Wissenschaft. Von Deutscher Kunst und französischer Kunstgeschichtsschreibung* in: BERLINER TAGEBLATT 24.01.1917 und ähnliche Beiträge in div. Tageszeitungen

[26] Otto ENGELHARDT-KYFFHÄUSER (1884–1965), Kriegsmaler bei der kämpfenden Truppe, in: Bilder aus der Champagne und von der Aisne, Champagne-Kriegszeitung VIII. Reservekorps, Du Mont, Köln 1916, Deutscher Maler und Kunsterzieher, im zweiten Weltkrieg bei der SS, Propagandamaler für Blut und Boden

[27] Zwei Master-Arbeiten aus dem Jahr 2012 zur Administration der französischen Denkmalpflege und Paul Léons Rolle:

Myriam BENNOUNA, *La protection du patrimoine francais pendant la Grande Guerre - l'oeuvre de Paul Léon* Masterarbeit unter der Leitung von Prof. Eric Mension-Rigau, Université 4 Paris, Sorbonne 2012
http://www.umrausser.cnrs.fr/IMG/pdf/Projet_de_recherche.pdf (Zugriff 12.04.2014) Dissertation in Arbeit

Camille BIDAUD, *Paul Léon et la Restauration Monumentale – L'Exemple de Saint-Rémi de Reims* – Masterarbeit unter der Leitung von Jean-Philippe Garric, ENSA Paris-Belleville 2012 (DPEA - Diplôme propre aux Écoles d'Architecture) hat inzwischen ihre Dissertation zum Thema angemeldet. http://www.theses.fr/s87229 (Zugriff 14.04.2014)
Die Masterarbeit findet sich aktuell unter https://archi.academia.edu/CamilleBIDAUD (Zugriff 14.04.2014)

[28] Maurice BARRÈS, *La grande pitié des églises de France*, Emile-Paul Frères, Paris 1914,
Petition von Künstlern und Schriftstellern am 29.02.1912, Rede an die Kammer am 25.11.1913 ; Die Initiative legte selbstkritisch vor Ausbruch des Krieges den Finger in eine schmerzhafte Wunde Frankreichs, die die deutsche Propaganda für Vorwürfe an die Adresse des laizistischen französischen Staats instrumentalisierte, in: Josef SAUER, *Die Zerstörung von Kirchen und Kunstdenkmälern an der Westfront*, Freiburg i.B. 1917

[29] Paul LEON, *Fleuves, Canaux, chemins de fer*, Armand Colin, Paris 1903 - Dissertation

[30] Camille BIDAUD, *Paul Léon et la Restauration Monumentale, Masterarbeit 2012*, - Biographie de Paul Léon, cit. S.10 ff.

[31] Neben zahlreichen Einlassungen zur Kriegspropaganda ist er durch die „Mission Alexandre" 1915 bekannt zur Untersuchung der Lage in den Museen der Kriegszone. Dieses Unternehmen wurde Vorbild für die „Mission Dhuicque" im freien Belgien.

[32] Gespräche in der Médiathèque du Patrimoine et de l'architecture MAP, Paris zum persönlichen Nachlass von Paul Léon mit : Jean-Daniel Pariset, Directeur und Jean-Charles Forgeret, zuständig für die Plankammer (Fichier numérique des plans)

[33] Petit Palais: Exposition du Germanisme contemporain, 1916 – Ausstellung geborgener Kunstwerke, geretteter Bruchstücke und Fotos als Demonstration der deutschen Barbarei

[34] MAP Médiatèque du Patrimoine, Charenton – Nachlass Léon, cote 80-47-2, Berichte zu den Evakuierungen

[35] Myriam BENNOUNA, *La protection du patrimoine francais ...*, cit.

[36] Dankwart LEISTIKOW, *Coucy le Château*, vier Beiträge zur Zerstörung am 27. März 1917, in : Burgen und Schlösser, 1969/II, S.37- 39 – 1970/II, S.37- 42 – 1971/II, S.73- 76 – 1972/II, S. 63- 68

[37] Bodo EBHARDT, *Krieg und Baukunst in Frankreich und Belgien*, Berlin 1915, mit ausführlicher Darstellung von Coucy le Chateau, außerdem: Bauaufnahme 1915 im Archiv des Europäischen Burgeninstituts EBI in Braubach am Rhein, Tusche auf Transparent, mit einem Aufsatz vom 27.03.1917 nach der Sprengung der Burg

KRIEGSDENKMALPFLEGE 1914 – 1918
Emil Hädler, Aufsatz für DIE DENKMALPFLEGE 1/2014 – extended version
Paul Léon versus Paul Clemen – zwei Denkmalpfleger in feindlichen Lagern

---

[38] In: Carl ZUCKMAYER, *Als wär's ein Stück von mir, Horen der Freundschaft*, R.Kiesel, Salzburg 1966, Abschnitt 1914-1918

[39] Aus dem Bildband von Georg WEGENER: *Der Wall von Feuer und Eisen*, Brockhaus Leipzig, 1920

[40] Ausführliche Dokumentation dieses Unternehmens mit Protokollen, Skizzen zum Einbau von Tarnungsfenstern des „Service de Camouflage" und Telegramme an Paul Léon zur Anforderung von Hilfskräften und LKW's in: MAP (cote 80-3)

[41] Otto GRAUTOFF, Die Denkmalpflege im Urteil des Auslandes, in: Paul CLEMEN, *Kunstschutz im Kriege*, 1919, S.111 unter direkter Bezugnahme auf Paul Léon

[42] In: Marcel MAGNE, La Guerre et la Réconstitution des Trésors artistiques de la France, REVUE BLEUE, Nr.16/17, 1916, plädiert für die Konservierung der Ruinen als Zeugnis des Krieges

[43] Paul CLEMEN, *Die Zerstörung der Kathedrale von St. Quentin - La déstruction de la cathédrale de St. Quentin*, Dokumentation im Regierungsauftrag in deutscher und französischer Sprache, Berlin/Lausanne 1917 sowie zahlreich Artikel in der Kölnischen Zeitung, außerdem: DIE DENKMALPFLEGE, Sonderausgabe zum 13. Tag der Denkmalpflege 1917 – Bericht zur Notsicherung der Kathedralen von Reims und St. Quentin.

[44] Paul LEON, *La Vie des Monuments Français, Déstruction, Restauration* 1951, Einleitung : « … en 1918, l'armée allemande avait creusé dans les piliers de la collégiale de Saint-Quentin quatre-vingt-dix fourneaux de mines. La hate de la retraite en empecha heureusement la charge et l'explosion »

[45] Dokumente zum Befund an der Basilika von Saint-Quentin im Nachlass von Paul Léon, MAP 80-47-3

[46] Foto aus George SOLDAN, Der Weltkrieg im Bild, Originalaufnahmen des Kriegs-, Bild und Filmamtes aus der modernen Materialschlacht, Verlag Der Weltkrieg im Bild, Berlin-Oldenburg 1928 – mehrere Fotos der Basilika von Saint-Quentin, die die Zerstörung durch englischen und französischen Beschuss belegen sollen.

[47] Fotos der minierten Pfeiler aus dem Nachlass Paul Léon, MAP 80-47-2

[48] Ingrid SCHEURMANN, Denkmalpflege und Kunstschutz 1914 bis 1933, Programme, Profile und ihre disziplingeschichtlichen Folgen, in: Meier, Scheurmann, Sonne (Hg): WERTE, Begründungen der Denkmalpflege in Geschichte und Gegenwart Jovis Verlag Berlin, 2013

[49] Jan SALM, Ostpreußische Städte im Ersten Weltkrieg – Wiederaufbau und Neuerfindung Habil. 2006, Technische Universität Lodz, deutsch: Schriften des Bundesinstituts für Kultur und Geschichte der Deutschen im östlichen Europa, Bd.46, Oldenbourg Verlag München, 2012, außerdem:
Hartmut FRANK; Heimatschutz und typologisches Entwerfen, Modernisierung und Tradition beim Wiederaufbau von Ostpreußen 1915-1925, in: Lampugnani, Schneider (Hg.): Moderne Architektur in Deutschland 1900 bis 1950, Reform und Tradition, Stuttgart 1992

[50] nur Christina KOTT (cit.) greift im französischen Forschungsraum auf deutsche Originalquellen zum „Kunstschutz" zu

[51] Nachlass Paul Léon: MAP Médiathèque du Patrimoine et de l'Architecture, Charenton bei Paris, cote 80-47-3 und 80-3, sowie:
Zwei Master-Arbeiten 2012 zur Administration der französischen Denkmalpflege und Paul Léons Rolle:
Myriam BENNOUNA, *La protection du patrimoine francais pendant la Grande Guerre cit.*
Camille BIDAUD, *Paul Léon et la Restauration Monumentale – cit.*

[52] Udo MAINZER (Hg.), *Paul Clemen. Zur 125. Wiederkehr seines Geburtstags* (Jahrbuch der Rheinischen Denkmalpflege 35), Köln 1991

[53] Louis DIMIER, *l'Appel des Intellectuels Allemands – textes officiels et traduction avec préface et commentaire* Nouvelle Librairie Nationale, Paris 1915 – Auszug aus der kommentierten Fassung

[54] MAP Karton 80-3-11: Ville de Reims, La Cathédrale Notre-Dame pendant la guerre